Feu d'artifice et pétard mouillé
La saga Minnie Sutherland

Critiques | enquête

John Nihmey

Feu d'artifice et pétard mouillé
La saga Minnie Sutherland

Données de catalogage avant publication (Canada)

Nihmey, John
    Feu d'artifice et pétard mouillé : la saga Minnie Sutherland

(Critiques/enquête)
Traduction de : Fireworks and folly.

ISBN 2-921603-96-9

    1. Sutherland, Minnie. 2. Indiens d'Amérique, Attitudes envers les -
Canada. 3. Indiens d'Amérique - Canada - Biographies. I. Titre. II.
Collection.

E90.S82N5414 1999   971'.00497'0092   C99-940371-0

Ce livre a été traduit grâce à une subvention du Conseil des Arts du Canada.

Nous remercions le Conseil des Arts du Canada de l'aide accordée à notre programme de publication. Nous reconnaissons l'aide financière du gouvernement du Canada par l'entremise du Programme d'Aide au Développement de l'Industrie de l'Édition (PADIÉ) pour nos activités d'édition. Nous remercions également la Société de développement des industries culturelles pour son appui.

Dépôt légal —   Bibliothèque nationale du Québec, 1999
                 Bibliothèque nationale du Canada, 1999

Traduction : Delphine Plume

Révision : Micheline Dandurand et Louise Lafrenière

© John Nihmey et les Éditions Vents d'Ouest inc., 1999

Éditions Vents d'Ouest inc.
185, rue Eddy
Hull (Québec)
J8X 2X2
Téléphone :   (819) 770-6377
Télécopieur : (819) 770-0559

Diffusion Canada : PROLOGUE INC.
Téléphone :   (450) 434-0306
Télécopieur : (450) 434-2627

Diffusion en France : DEQ
Téléphone :   01 43 54 49 02
Télécopieur : 01 43 54 39 15

À Linda Wʏɴɴᴇ

La société ne compte pas
uniquement des désintéressés.

Notes et remerciements

C ET OUVRAGE est de nature documentaire. Le récit est entrecoupé d'extraits de rapports de police, de témoignages en cour, d'entrevues et de documents officiels ainsi que de coupures de presse. Il se veut le compte rendu le plus fidèle possible des événements qui se sont produits. Lorsque je devais rapporter les pensées ou les paroles de quelqu'un, j'ai pris soin d'en respecter le contenu et de ne pas les interpréter. Les déclarations rapportées figurent entre guillemets, tandis que les italiques signifient que l'intuition personnelle me servait de guide. En présence de témoignages contradictoires, j'ai délaissé le cours de mon récit pour inclure les déclarations de tous les témoins en cause, et ce, pour que le lecteur puisse tirer ses propres conclusions. Par exemple, lorsque des témoins décrivaient un même incident de façon différente, et bien que la vérité ne fît aucun doute à mes yeux, j'ai inclus leur description de l'incident dans le compte rendu tout aussi bien que les témoignages contradictoires.

Dans un ouvrage de cette nature, les déclarations des personnes ayant vécu l'incident en question attestent de l'existence du récit. C'est pourquoi je tiens à exprimer ma profonde gratitude envers tous ceux et celles qui ont pris le temps de s'entretenir avec moi et avec ma recherchiste, même lorsque l'expérience s'avérait douloureuse. Un merci tout spécial à Roseanne Sutherland, David Nahwegahbow, Patrick Smith, David Knox, Michel Filion, Maggie Bugden, Evelyn Mark, Linda et John Wynne, Joyce Wesley, Christy et David Wesley, Doreen et Tim Milbury. Je ne saurais passer sous silence la collaboration de Carole St-Denis, Lorraine DeGrace, Cecil (Tom) Thomas, Dave Ethier du J. R. Dallas, ni celle des employés et de la direction du bar Le Boule (anciennement le Mexi-Go) dont les noms ne sont pas divulgués ici. Merci également à Willy Eyamie du restaurant Castel ; à Barb Conlin, Sherry Halgerson, Sandra Barnaby et Heather Black du Centre des services de santé et d'action communautaire Dalhousie ; aux chefs autochtones Jonathan Solomon et Andrew Reuben de Kashechewan ; aux aînés Dorothy Friday et Willy Wesley fils, également de Kashechewan ; aux D^{res} Gwynne Jones et Margaret Peacock de l'Hôpital général d'Ottawa ; à Marie-Louise Boudreau et Carl Hudon du Centre de désintoxication des Sœurs de la charité ; à Vince Kicknosway et Jim Eagle du Odawa Native Friendship Centre ; à la propriétaire du 18, rue Lowrey, Rosalie MacMillan ; au locataire du 18, rue Lowrey, Michael Bellefeuille ; au révérend James Froh, de la paroisse autochtone de Toronto ; à Karen Irving du centre The Well ; à Fran McGovern, Madeleine Blundon, Madeline Kiokee, Sidney Goodwin, Daisy Arthur, Hannah Wesley, Joseph Renaud et Kelly Madore ; à Maurice Prud'homme du salon funéraire Racine, Robert et Gauthier ; au sergent Luc Givogue du service de police de la Ville d'Ottawa ; à Steve Bindman de l'Agence Southam News ; et à John S. Long.

Plusieurs personnes m'ont encouragé, guidé et aidé tout au long de cette entreprise littéraire : Jennifer Swanson David, ma recherchiste principale, à qui j'avais confié la difficile tâche de repérer et d'interviewer plusieurs des personnes nommées ci-dessus, parmi lesquelles certaines se trouvaient dans des communautés très éloignées ou dans un état affectif précaire. C'est grâce à Jennifer Glossop, mon éditrice, si j'ai réussi à ne jamais perdre de vue mon but premier, soit la rédaction de ce compte rendu. Ainsi, a-t-elle veillé constamment à ce que les étapes de mon entreprise littéraire ne supplantent pas l'entreprise elle-même. D'emblée, mes conseillers Morty Mint et Alison Maclean n'ont cessé de m'encourager, contrecarrant tout argument défavorable à la commercialisation de mon ouvrage et en plaçant plutôt leur confiance dans le lecteur. Le personnel de NIVA Inc. et celui de Philip Diamond Books m'ont prodigué leur talent, plus particulièrement Ann Fothergill-Brown et Dalya Goldberger dont les conseils en rédaction et l'encouragement m'ont aidé tout au long du projet. Enfin, un gros merci à mon chien Robinson qui malheureusement, négligé pendant mes six années de recherches et de rédaction, m'a quitté pour l'autre monde le soir même où je terminais la dernière page.

Avant-propos

LA JOURNÉE où la nouvelle se répandit, les trois éditions du journal *The Ottawa Citizen* offraient des versions différentes de l'incident. Bien que rédigées à partir des notes du même journaliste, ces versions comportaient chacune son propre titre et mettaient l'accent sur un aspect particulier. C'est comme si le journaliste avait d'ores et déjà décidé que l'incident à lui seul ne présentait pas suffisamment de matière à scandale.

La femme au cœur de cette sordide histoire fut dépeinte comme une personne courageuse. Indienne crie, Minnie Sutherland menait un train de vie modeste. Bien que considérée comme aveugle au sens de la loi, c'était une femme active. Elle travaillait dans un centre de santé communautaire, ce qui l'aidait à subvenir aux besoins de ses deux filles qui vivaient dans le Nord. Souffrant du diabète, l'alcool lui était interdit. En cette veille du jour de l'An, elle avait prévu, comme tant d'autres, assister au feu d'artifice sur la colline du Parlement. Sachant cela, on se demandait alors comment elle avait pu se retrouver de l'autre côté de la rivière, à Hull (Québec), inconsciente, sur un banc de neige.

Le crime m'apparaissait d'une telle évidence que je n'eus aucun mal à m'endormir cette nuit-là. Il ne faisait aucun doute que ces policiers, dont l'opinion toute faite leur avait fait croire qu'il s'agissait d'une Autochtone en état d'ébriété, avaient fait preuve d'incompétence et subiraient les conséquences de leur dureté et de leur insensibilité.

Toutefois, dans les jours qui suivirent, de nouveaux rapports publiés eurent pour effet de compliquer les circonstances entourant le décès de Minnie.

The Ottawa Citizen, le 14 janvier 1989

Décès : des témoins clés se manifestent

Ayant appris la mort de Minnie dans les médias, Carole St-Denis déclara à la police de Hull que c'était elle qui avait heurté Minnie avec sa voiture. Grâce à cette déclaration, non seulement le mystère entourant la disparition du conducteur fut élucidé, mais la raison, tout à fait plausible, pour laquelle Mme St-Denis avait quitté le lieu de l'accident fut donnée : elle n'avait fait qu'obtempérer aux ordres des policiers. En effet, au moment de traverser la rue, Minnie se serait heurtée contre la voiture et aurait fait une chute. Afin de ne pas causer d'embouteillage, les policiers auraient alors insisté pour que Mme St-Denis déplace son automobile, la rassurant qu'ils avaient le plein contrôle de la situation. Les policiers savaient-ils que Minnie avait été victime d'un accident? Le sergent Yves Martel de la police de Hull pensait que non, que les policiers avaient pu croire qu'elle avait consommé de l'alcool. Pourquoi alors l'avoir laissée sur le banc de neige? Les policiers auraient présumé que la femme qui l'accompagnait prendrait soin d'elle.

The Ottawa Citizen, le 15 janvier 1989

Selon la cousine
La police était informée de la mésaventure de la femme

Dès que la cousine de Minnie, Joyce Wesley, qui l'accompagnait ce soir-là, eut la chance de raconter sa version des faits, le service de police d'Ottawa, ville ontarienne située juste de l'autre côté de la rivière, se trouva lui aussi mêlé à la controverse. Selon Joyce, aussitôt après avoir aidé Minnie à se relever du banc de neige, trois étudiants d'université les escortèrent jusqu'à un restaurant situé tout près, et c'est là que Minnie ressentit un malaise. Un étranger offrit de reconduire Joyce et Minnie à Ottawa, mais personne ne savait où cette dernière habitait, pas même Joyce. Après un certain temps, Joyce et le conducteur constatèrent qu'ils ne se trouvaient pas dans le bon quartier de la ville et que Minnie avait perdu connaissance. Ils immobilisèrent la voiture et déposèrent Minnie sur le trottoir pour ensuite composer le 911. L'ambulance arriva sur les lieux et en repartit, quelques moments plus tard, sans Minnie. Une agente de police installa Minnie à l'arrière de sa voiture sans demander ni le nom ni le numéro de téléphone de Joyce, même après avoir appris que Minnie venait d'être heurtée par une voiture.

The Ottawa Citizen, le 16 janvier 1989

La police nie avoir été informée de l'accident

Après avoir reçu une lettre pour le moins cinglante du D^{re} Gwynne Jones de l'Hôpital général d'Ottawa, la police de Hull adopta une attitude défensive et nia être au courant de l'accident dont avait été victime Minnie Sutherland. Dans sa lettre, le D^{re} Jones affirme que ce n'est que trois jours après l'admission de Minnie à l'hôpital, qu'on découvrit la cause de ses blessures, grâce à un étudiant d'université, témoin de l'accident, qui téléphona. Le D^{re} Jones ajouta, qu'ayant été privé de ces renseignements cruciaux, le personnel de l'hôpital avait prodigué des soins inutiles et avait donc perdu un temps précieux. Des rumeurs commencèrent à circuler au sujet d'une enquête publique, laquelle semblait toutefois peu probable : on invoquait la différence des lois de l'Ontario et du Québec qui rendrait difficile la convocation de témoins d'une province pour une enquête qui se tiendrait dans une autre province.

The Ottawa Citizen, le 19 janvier 1989

Enquête du coroner sur la mort de Minnie

La rapidité d'intervention du gouvernement de l'Ontario me stupéfia. J'avais appris que le service de police de Hull avait déjà commencé sa propre enquête et qu'on était sur le point de faire de même à Ottawa. Toutefois pour des enquêtes publiques, ce n'est pas aussi simple, du fait surtout que cela engage l'argent du contribuable. L'intérêt public mis à part, la Native Women's Association of Canada se fit entendre, déplorant que toute l'affaire dégageait d'âcres relents de racisme. Puis, ce fut le tour de la puissante Assemblée des Premières Nations d'intervenir, dans le but de donner à l'incident une importance nationale qui exigerait une réaction en haut lieu.

L'enquête devait se dérouler au Palais de justice provincial situé au centre-ville d'Ottawa, un kilomètre à l'ouest de l'endroit où Joyce et les personnes qui l'accompagnaient avaient déposé Minnie sur un trottoir, pour aller composer le 911 dans une cabine téléphonique. Aucune date n'avait été arrêtée mais, comme l'avait expressément prescrit le Dr Ross Bennett, coroner de l'Ontario, ce n'était pas le coroner local d'Ottawa qui superviserait le déroulement de l'enquête. En raison de l'intérêt public considérable que suscitait cette affaire et des redoutables conséquences politiques qu'elle pouvait entraîner, ce serait plutôt le Dr Walter Harris, coroner de la région de l'est de l'Ontario.

Au cours du mois, un rapport publié par le service de police de Hull suscita de nouveau un certain intérêt. Dans ce rapport, on déclarait que le racisme n'était pas en cause dans la façon dont Minnie Sutherland avait été traitée. Selon le même document, Joyce Wesley aurait affirmé qu'elle prendrait soin de sa cousine, qui venait de faire une *chute*. Joyce nia publiquement ces affirmations et accusa la police de vouloir camoufler toute l'affaire. Dans l'intervalle, François Hamon, chef de l'Association des propriétaires de bar de la ville de Hull, fit une déclaration qui ne dissipa en rien les doutes sur les allégations de Joyce : « La décision de confier l'enquête à la police de Hull fut une erreur de jugement. » Il ajouta que les avocats de la Ville approuveraient probablement une résolution pour que la Commission de police du Québec procède à une enquête indépendante dans ce dossier.

⟨⟨

L'enquête du coroner sur la mort de Minnie Sutherland débuta le mercredi 22 février 1989.

À cette occasion, la fille de Minnie Sutherland, Roseanne, âgée de 19 ans, arriva de Timmins (Ontario) par avion, accompagnée de sa tante, Linda Wynne, et du mari de cette dernière, John. C'était la deuxième fois que Roseanne se rendait à Ottawa au cours de l'hiver. Quelques semaines auparavant, elle était venue chercher les effets personnels de sa mère et, à ces deux occasions, sa jeune sœur de neuf ans, Violet, demeura avec ses cousins au domicile familial à Kashechewan, dans le Nord de l'Ontario.

Les services de David Nahwegahbow, jeune avocat autochtone voué à la cause des siens, furent retenus pour représenter Roseanne dans le cadre de l'enquête et pour étudier toute question d'ordre juridique se rapportant à la mort de Minnie. Ce sont, en fait, des incidents comme ceux entourant la mort de Minnie qui avaient convaincu M. Nahwegahbow de devenir avocat, et lorsque le Centre local d'accueil autochtone lui demanda de s'occuper de cette affaire, sa réponse ne tarda guère.

M. Nahwegahbow se vit immédiatement reconnaître le droit de représentation dans le cadre de l'enquête. À titre de représentant de la famille de Minnie, il satisfaisait amplement au critère qui consistait à être « une partie foncièrement et directement intéressée par l'enquête ».

Le même droit fut reconnu à M. Robert Côté, qui représentait la Ville de Hull. D'emblée, ce dernier fit valoir que les témoignages des deux policiers de Hull qu'il représentait, échappaient à la compétence du tribunal, mais que les agents étaient disposés à collaborer. L'avocate, Sharon McIvor, demanda d'être reconnue comme représentante de la Native Women's Association of Canada, ce qui lui fut refusé. Elle finit par prêter assistance à M. Nahwegahbow. L'avocat de Mme Joyce Wesley, cousine de Minnie, était également présent, mais ne demanda pas qu'on lui reconnaisse ce droit ; il désirait seulement se joindre à titre de représentant de sa cliente.

La tension montait à l'extérieur de la salle numéro 30 du Palais de justice. Toutes les personnes qui avaient rencontré Minnie la veille du jour de l'An et aux petites heures du matin avaient été assignées à comparaître ou, si elles résidaient au Québec, avaient été priées d'assister à l'enquête. Des représentants de la télévision, de la radio et de la presse écrite, dépêchés sur les lieux, se mêlaient aux témoins qu'ils avaient déjà interviewés, tandis que d'autres témoins se tenaient à l'écart, craignant de faire des déclarations qui porteraient préjudice à leur témoignage éventuel. Quand les portes s'ouvrirent enfin, la foule se précipita à l'intérieur. Il restait très peu de sièges pour les nombreux citoyens désireux d'assister à l'enquête du coroner.

Dans ses observations préliminaires, le coroner expliqua aux membres du jury la raison d'être d'une enquête de coroner. Contrairement à un procès criminel, qui vise à imputer une responsabilité ou à établir la culpabilité, une enquête du coroner cherche à vérifier les faits, à attirer l'attention sur les pertes de vie qu'on aurait pu éviter et à démontrer à la collectivité que les circonstances entourant la mort d'un de ses membres ne sont pas négligées, dissimulées ni oubliées.

Roseanne prit place à côté de sa tante Linda, dans la deuxième rangée. Son attitude résolue contrastait fortement avec celle plus réservée de sa tante. Cette dernière ne voulait pas que l'on fasse étalage de la vie de sa sœur dans une salle remplie d'étrangers, et plus particulièrement devant ceux qu'elle estimait avoir contribué à sa mort. Par contre, Roseanne était déterminée à découvrir la vérité et espérait, à tout le moins, une justice à titre posthume pour sa mère.

Le coroner présenta Me Andrejs Berzins, procureur de la Couronne et, en théorie, son avocat au cours des présentes délibérations. Mc Berzins enchaîna et répéta les propos du coroner, insistant sur l'importance des recommandations que ferait le jury pour la prévention d'autres morts semblables. Puis, il présenta les personnes qui seraient convoquées, à commencer par deux témoins de moralité qui, en tant qu'amie ou parente de Minnie Sutherland, décriraient celle-ci à l'intention du jury.

Un à un, les autres témoins défilèrent à la barre, et chacun d'eux fut interrogé et contre-interrogé sur ses faits et gestes le soir de la mort de Minnie Sutherland et dans les jours qui suivirent. Un de ces témoins était Joyce Wesley, qui fut appelée pour justifier ses allégations de camouflage de la part de la police et pour décrire les célébrations du Nouvel An qui tournèrent mal. Ses réponses évasives sur les événements de cette soirée-là allaient donner le ton à toute l'enquête.

Enquête du coroner — Témoignage : Joyce Wesley

Q. : Le nom de Minnie était-il un surnom ou son nom réel ?

R. : C'était son vrai nom.

Q. : D'accord. Elle était de très petite taille, n'est-ce pas ?

R. : Oui.

Q. : Que diriez-vous au sujet de sa taille ?

R. : Elle était petite et j'étais plus grande qu'elle.

Q. : D'accord. D'après son dossier médical, nous savons qu'elle mesurait à peine cinq pieds, ce qui est assez court. Était-elle vraiment si courte ?

R. : Oui.

Q. : D'accord. Et elle ne pesait que 110 ou 115 livres, je pense que nous…

R. : Oui.

Q. : Très bien. Portait-elle des lunettes ?

R. : Oui.

Q. : Et qu'en était-il de ses yeux ? Comment cela l'affectait-elle ?

R. : Eh bien, elle pouvait voir quand elle portait ses lunettes.

Q. : Bien.

R. : Mais je ne sais pas, je ne sais pas si elle pouvait voir sans elles, je ne sais pas.

Première partie
Le soleil

Chapitre premier

À en devenir dingue

Lorsque je lui ai parlé,
elle m'a dit qu'elle resterait à la maison.
Elle n'avait pas d'argent pour sortir.
Roseanne Sutherland

La journée du 31 décembre 1988, Minnie Sutherland l'avait passée en grande partie au téléphone, les nerfs en boule. Elle avait téléphoné à sa famille, à des amis et à des connaissances ici et là de qui elle détenait les coordonnées. En fait, pratiquement tous ceux qu'elle avait rencontrés depuis qu'elle avait quitté Toronto pour revenir à Ottawa, il y avait de cela 14 mois. Elle leur débita principalement des banalités et parla des événements survenus au cours des 12 mois précédents. Bref, rien pour vraiment lui remonter le moral. Un appel aussitôt terminé, elle songeait au suivant.

Sa meilleure amie, Maggie Bugden ? *Non, elle est retournée à Chisasibi pour la période des Fêtes.*

Sa cousine Doreen ? *Je lui ai déjà parlé deux fois.*

Et sa tante Daisy, à Kirkland Lake ? *Elle saura bien me redonner courage.*

Minnie était sortie de son logement d'une seule pièce une bonne douzaine de fois au cours de l'après-midi, de courtes absences pour aller au dépanneur du coin y feuilleter les revues ou encore à l'arrière de l'immeuble pour y jeter des sacs d'ordures à moitié remplis. Elle avait également flâné le long de la rue Wellington, artère principale de Mechanicsville, quartier d'Ottawa où elle habitait depuis l'année dernière. Encore là, très peu de distractions. Encombrée de boutiques de prêteur sur gages, d'ateliers de réparation, de magasins de meubles et de vêtements d'occasion, et de cafés quelconques dont les heures de gloire remontaient à 40 ans. La rue n'était pas particulièrement invitante; à plus forte raison en hiver, lorsque les minces fenêtres, couvertes de givre, dissimulaient les quelques articles dignes d'attention.

À l'instar de nombreux résidants de Mechanicsville, Minnie en était venue à considérer ce quartier ni plus ni moins comme un refuge, faute de mieux. Au cours des derniers mois, elle avait fini par comprendre que Mechanicsville n'était plus qu'un endroit où, sauf en cas d'urgence causée par une fuite d'eau au sous-sol ou de gaz naturel dans le sol, il n'y avait pas moyen de faire réparer quoi que ce soit. Avec le temps, elle avait également appris que pour chaque résidant du quartier, frustré ou en colère, il existait quelque part dans la ville un autre locataire prêt à venir prendre sa place.

Cette journée-là, les rues cahoteuses zigzaguant autour des quelque 20 pâtés de maisons de Mechanicsville offraient un air plus maussade que jamais. Ce ne sont pas les lumières de Noël accrochées aux fenêtres et aux arbres qui réussirent à détourner le regard de Minnie des poubelles défoncées, des motocyclettes qui répandaient de l'huile dans la neige et des voitures cabossées stationnées le long des fondations tachées de coulisses d'eau.

Envahie d'un sombre vague à l'âme, Minnie était incapable de se mettre dans l'esprit des Fêtes. Elle songeait plutôt à l'asphalte sous la neige, là où il aurait dû y avoir du gazon et des jardins, elle imaginait les trottoirs fissurés sous la glace et les véhicules trop nombreux à être garés devant chaque logement, des images qu'elle avait à peine remarquées l'été précédent.

Minnie ne s'était toutefois pas toujours sentie ainsi. En fait, quelques mois à peine auparavant, elle ne tarissait pas d'éloges pour Mechanicsville.

Peu après le déménagement de Minnie dans le quartier, la propriétaire du 18 de la rue Lowrey, Mme MacMillan, lui avait raconté l'histoire de ce secteur qui, au début du siècle, avait regroupé des ouvriers, lorsque les usines jalonnaient la rive nord de la rivière des Outaouais.

En éternelle optimiste, Minnie considérait Mechanicsville comme n'importe quel quartier aux prises avec des problèmes, mais déterminé à retrouver la prospérité. Un jour, se disait-elle, les maisons redeviendraient des maisons individuelles, les pavés de pierre remplaceraient les petites rues étroites bosselées foisonnant de nids-de-poule, et des pâtisseries ouvriraient leurs portes là où les épiceries vendaient actuellement n'importe quoi. Elle avait de l'espoir même pour la rue Wellington. Selon elle, lorsqu'on déciderait de nettoyer la ville des nombreux propriétaires voraces qui profitent de la misère des gens, on pourrait remettre à neuf des immeubles et y ouvrir des boutiques de vêtements, de bijoux et d'articles divers que les touristes s'empresseraient de venir acheter en grand nombre.

Au cours des six premiers mois passés dans le quartier, Minnie manifestait autant d'enthousiasme pour Mechanicsville que pour sa quête d'un emploi. À l'automne 1987, quand elle quitta Toronto dans le but de revenir à Ottawa, elle avait tout de suite soumis une demande d'aide sociale, pratique courante chez les Autochtones pour les aider à traverser la période difficile précédant leur établissement. Après quelques semaines, elle s'était mise à la recherche d'un emploi, mais elle savait d'emblée que la tâche serait ardue. Non pas pour les raisons qu'elle avait imaginées, toutefois. La plupart des amis et des connaissances de Minnie, du moins les Autochtones, restaient perplexes devant son obstination à croire que ses racines n'avaient rien à voir avec ses difficultés à trouver un emploi. Cet acharnement, doublé d'une personnalité attachante, lui permettait d'arracher tout au plus un timide sourire du préposé d'un centre d'emploi, mais rarement un emploi comme tel. Malgré tout, elle s'entêtait : « Je n'ai simplement pas les compétences nécessaires. »

Enquête du coroner — Contre-interrogatoire : Maggie Bugden

Q. : Pouvait-on se tromper sur son origine amérindienne ? Pour quiconque la voyant dans la rue ?
R. : Oh non !
Q. : Elle était vraiment…
R. : Elle était Autochtone.
Q. : Son apparence ?
R. : Oui, elle avait l'apparence d'une Autochtone.

Sa déficience visuelle était également un autre obstacle, tout aussi apparent. Dès qu'elle pénétrait en un lieu, l'attention de tous était inévitablement détournée vers elle, en raison des épaisses lunettes à double foyer qu'elle portait, qui lui permettaient de distinguer plus que des formes et des couleurs. Pour ceux qui la connaissaient, les lunettes faisaient partie intrinsèque de Minnie, tout comme sa très petite taille, ses robes pour le moins éblouissantes et ses allures de sauve-qui-peut. Toutefois, il était difficile pour un employeur potentiel de percevoir son regard vif au-delà de l'épaisseur de ses lunettes.

Pourtant, Minnie continuait d'afficher un éternel optimisme : elle découpait des petites annonces dans le journal et s'informait de toutes les possibilités de travail, *n'importe lequel,* auprès de presque chaque personne qu'elle rencontrait.

☾

Ce soir-là, Minnie se prépara de quoi manger plus tôt que d'habitude, soit tout juste après 17 heures. Elle s'était faite à l'idée de passer la veille du jour de l'An à la maison, seule, et s'affairait à terminer ses menus travaux. Elle avait également pris la décision de demeurer seule le lendemain, et ce, même si sa cousine, Doreen Milbury, l'avait invitée à passer la journée avec elle, son mari, Tim, et les enfants. Après le souper, elle s'était dit, non sans fierté, que se sentir seul ne veut pas dire qu'on est désespéré.

Minnie avait toutes les raisons du monde de ne pas participer aux célébrations de fin d'année : pour elle, l'année 1988 n'avait pas été particulièrement joyeuse. Par exemple, on venait tout juste de lui confier un poste au Centre des services de santé et d'action communautaire Dalhousie que peu après, il fut aboli. Puis, elle avait appris que son père était sur le point de succomber à un cancer du côlon qui s'était maintenant attaqué aux poumons.

La nouvelle eut l'effet d'une bombe sur Minnie. Bart Sutherland était la seule personne envers qui elle vouait un véritable respect, il était son modèle. Homme de conviction, Bart était déterminé à assumer les responsabilités que lui imposait la vie (occuper un emploi, faire vivre une famille, etc.), mais non pas au détriment de son âme. Il pouvait tantôt siéger au sein du Conseil de bande pour y débattre une politique sociale, tantôt s'installer sur le bord de la rivière avec d'autres hommes pour y tailler des objets dans des morceaux de bois, démontrant ainsi sa sereine acceptation du monde. Il représentait l'idéal que Minnie poursuivait sans cesse.

La mère de Minnie, Margaret (Maggie pour les intimes), avait très peu de points en commun avec sa fille, si ce n'est une ténacité qui faisait que les deux avaient des idées bien arrêtées sur tout. Ajoutons à cela une longue liste de malaises physiques, à commencer par le diabète qui, dix ans plus tôt, avait laissé Maggie aveugle, ce à quoi, de toute évidence, Minnie n'allait pas échapper.

Quelques années auparavant, lorsque tous les membres de la famille vivaient ensemble, Maggie cherchait à exercer un pouvoir dominateur sur ses deux filles, Minnie et Linda, et à les mettre en garde contre les erreurs que d'autres avaient commises. Maggie venait d'une famille de neuf enfants tous nés près d'un territoire de piégeage, le long de la rivière Albany. Elle avait passé toute sa vie dans des collectivités du Nord. Confiante et très attirante, Maggie avait tout fait pour répondre aux attentes traditionnelles de ses parents, Barbara et Thomas Goodwin, et l'une de ces attentes consistait à demeurer digne et pure.

Malgré quelques accidents de parcours, Maggie Goodwin avait été une enfant de bonne réputation et était devenue une épouse et une mère de famille tout aussi digne d'éloges. Témoin direct de l'évolution de son peuple et de la cohabitation difficile des Autochtones et des Blancs, elle savait que les grossesses en bas âge et en dehors du mariage étaient monnaie courante. En conséquence, Maggie et d'autres femmes chefs de famille de la communauté crie se rongeaient les sangs à propos des effets qu'exerceraient le sexe et l'alcool sur leurs enfants. Elle supplia donc Minnie et Linda de se méfier des hommes et de leurs belles promesses, qui n'avaient d'autre objet que de les attirer dans leur lit. « Neuf mois plus tard, disait-elle, vous vous retrouvez à 16 ans, avec des responsabilités d'adulte sans même avoir eu le choix de terminer l'école. » Pour appuyer ses dires, elle serrait son premier-né, Sidney, tout contre elle. Pour Minnie et Linda, il était la preuve que leur mère parlait par expérience.

Malgré ces avertissements, Minnie était déterminée à vivre sa vie à elle, dans un endroit qu'elle choisirait elle-même. Elle ne se gêna pas pour déplorer la vie à Moose Factory et, l'éclair dans les yeux, parlait des villes et des villages qu'elle ne connaissait pas vraiment. Elle était gauche et manquait d'assurance avec les hommes, préférant raconter une bonne blague plutôt que de flirter avec eux. Mais, de toute évidence, Minnie était attirée vers un noyau autre que sa famille. Au début, sa mère se contenta d'user d'un peu de persuasion, estimant que sa propre victoire sur le passé servirait de modèle. Toutefois, Minnie eut tôt fait de considérer les conseils de sa mère comme une tentative de contrôle et un stratagème pour la convaincre de mener une vie rangée, synonyme de mariage et de stabilité. Au moment où Minnie atteignit ses 18 ans et fut prête à quitter l'école pour aller vivre à Ottawa, les deux femmes avaient déjà pris l'habitude de passer le plus clair de leur temps à éviter les problèmes plutôt que de s'en occuper.

Plus portée vers la spiritualité que ses enfants, Maggie sut combiner les principes d'une éducation chrétienne avec les traditions cries et son respect des sentiments prémonitoires. Elle croyait qu'un esprit pouvait entrer dans votre vie par des rêves et vous accompagner au cours des épreuves de votre vie. Une source de grand réconfort pour elle!

En dépit du respect qu'elle portât aux esprits, à l'instar de Minnie, Maggie était pragmatique et n'allait pas laisser son sort ou celui de sa famille entre les mains d'un esprit quelconque, si ce n'est le sien. Les nombreuses interrogations sur la vie, Maggie se les était posées dans sa petite collectivité autochtone où le destin l'avait guidée. Pour Minnie, il en avait été tout autrement; elle avait façonné son esprit au gré des diverses villes où elle avait vécu. Alors que Minnie faisait sourire les étrangers et attirait les salutations, Maggie suscitait la crainte autant chez ses amis que chez ses connaissances. En fait, aucun employé de l'épicerie de Kashechewan ne souriait à l'idée d'avouer à Maggie qu'il ne restait plus du produit qu'elle demandait.

Cette journée-là, Minnie avait téléphoné à presque tous ses amis et parents, et dans certains cas à deux ou trois reprises. Toutefois, elle n'avait appelé personne à Kashechewan. Tantôt elle voulait attendre à la dernière minute, tantôt elle voulait en finir le plus rapidement possible. À l'heure du souper, elle prit la décision d'adopter une meilleure attitude. Elle estimait qu'il s'agissait là de la meilleure façon pour elle de surmonter son dilemme; si elle semblait déprimée au téléphone, elle craignait qu'il en soit ainsi des membres de sa famille, surtout de sa fille la plus jeune, Violet, qui éprouvait déjà du chagrin à l'idée de passer les Fêtes loin de sa mère.

Elle essaya de s'abandonner à un certain enthousiasme en fouillant dans les souvenirs qu'elle avait transportés d'une ville à l'autre : l'enveloppe de photos d'elle avec ses amis de cœur, les serviettes brodées à bordure de satin, les sachets de lavande cachés dans ses vêtements. L'effet des souvenirs estompé, elle décida de mettre de l'ordre dans sa commode. Pendant qu'elle s'adonnait à cette activité, elle s'aperçut accidentellement dans le miroir situé à l'extérieur de la salle de bain et, le reste de la journée, évita les autres miroirs qui lui rappelaient l'époque où, d'une semaine à l'autre, elle se mirait avant sa sortie en ville.

Peu avant 19 heures, Minnie, qui regardait la fin du bulletin de nouvelles de 18 heures à CJOH, reçut un appel de sa fille aînée, Roseanne, de Timmins.

La voix calme de sa fille eut l'effet d'un baume sur Minnie.

« Tu verras, la période des Fêtes passera en un clin d'œil », de dire Roseanne à sa mère. Le pragmatisme de Roseanne ne manquait jamais de ramener Minnie à la réalité.

Leur conversation dura une demi-heure, mais c'est surtout Roseanne qui parla, d'abord de son petit garçon, ensuite de la façon dont elle avait survécu aux célébrations de Noël à North Bay, dans la famille de son mari, puis des moyens dont sa tante Linda avait usé pour que Violet passe une belle fête de Noël malgré la mort de son grand-père et l'absence de sa mère et de sa sœur. En fin de compte, elle confia à Minnie qu'elle n'avait pas manqué grand-chose. Même les biscuits que Linda avait confectionnés pour Noël n'avaient pu faire le poids face aux propos déprimants de la grand-mère. Le temps des Fêtes passait trop vite, se lamentait Roseanne, puisqu'elle retournerait sur les bancs d'école dans quelques jours.

Cette conversation avec Roseanne incita Minnie à téléphoner à la famille à Kashechewan. C'est un des enfants de Linda qui répondit, non sans enthousiasme, ce qui eut un effet contagieux sur Minnie. À l'instant où l'enfant constata une baisse d'enthousiasme de la part de sa tante, il tendit le récepteur à Linda, qui sembla étonnée d'apprendre que Minnie n'avait aucun projet en cette veille du jour de l'An. *Pas Minnie!* Linda résuma à sa sœur aînée le programme prévu pour la soirée, lui donna des nouvelles de leur frère, Sidney, qui continuait de lui rendre visite tous les jours, et lui décrivit en toute simplicité la façon dont la vie s'écoulait pour elle et son mari, John, depuis la mort de leur père. Après lui avoir assuré que Violet avait passé une belle fête de Noël malgré l'absence de Minnie, Linda céda la place à sa mère.

Comme Roseanne l'en avait avertie, Maggie était d'humeur maussade et reprocha aussitôt à Minnie son absence à l'occasion des Fêtes. Comme d'habitude, la conversation porta sur les problèmes médicaux de Maggie, dont la gangrène dans une jambe et son refus de subir une autre opération. *À qui le dis-tu!* pensa Minnie qui, au cours des dernières années, avait eu plus que sa part d'opérations. Cinq pour ses yeux et une autre pour corriger son problème d'hyperthyroïdie, qui avait doublé le volume de son cou.

Elle s'adressa finalement à Violet. La conversation, qui fut brève mais fort agréable, porta sur les expériences quotidiennes que vivait la fillette de neuf ans. Violet avait fini par accepter l'absence de sa mère, mais ne comprenait pas. Elle savait que sa mère l'aimait beaucoup et qu'elle voulait tout savoir sur son compte. Pour sa part, Violet voulait savoir la date du retour de Minnie, et c'est avec résignation qu'elle accueillit cette réplique de sa mère : « Dès que j'aurai trouvé un emploi, j'irai te chercher pour que tu viennes vivre avec moi. » Ces paroles, bien que réconfortantes pour sa fille, eurent pour effet d'attrister Minnie. Elle savait que dès que Violet était concernée, elle ne pouvait se permettre d'agir par caprice, à plus forte raison par ambition, d'autant plus que Maggie l'avait même dissuadée de lui envoyer des cadeaux pour son anniversaire ou pour Noël. À la fin de la conversation, Minnie espérait que Violet comprendrait un jour.

À 21 heures, Minnie avait enfilé sa chemise de nuit et s'était résignée à regarder l'émission de Dick Clark, *Rockin New Year's Eve*. Avant le début de l'émission, elle essaya pour la énième fois de la journée de téléphoner à Evelyn Mark, la première Autochtone qu'elle avait rencontrée à son arrivée à Ottawa, il y avait plus de 20 ans.

« Dieu merci, Evelyn, tu es là. J'ai trouvé la journée interminable, à en devenir dingue. »

Chapitre II

Qui veut des mocassins de ma mère?

Nous avions l'habitude de sortir beaucoup.
À peine assise, Minnie était aussitôt entourée d'hommes.
Elle aimait se mêler aux gens.
Evelyn MARK

APRÈS avoir écouté Minnie lui relater les événements de la journée, Evelyn reconnut qu'effectivement, ils étaient d'une affligeante banalité, mais admit toutefois qu'elle n'avait guère eu de plan elle non plus.

« Au moins, toi, tu demeures à Vanier », répliqua alors Minnie, se rappelant l'époque où le simple fait de se balader sur le chemin de Montréal ou de partager des frites avec un ami, la réjouissait. « Il se passe toujours quelque chose là-bas. »

Ce n'était pas la première fois qu'Evelyn entendait Minnie parler du bon vieux temps, c'est-à-dire de l'époque où, 22 ans auparavant, la collectivité francophone plutôt modeste de Vanier, située à l'est d'Ottawa, avait accueilli les deux femmes dans la capitale nationale. Même si Minnie y avait passé à peine plus d'une année de sa vie, elle en parlait encore comme de son chez-soi.

꧁

Minnie et Evelyn firent connaissance à Ottawa en 1966. Toutes deux ainsi que Maggie Bugden, jeune crie avec qui Minnie s'était liée d'amitié à l'époque, suivaient des cours de formation aux adultes offerts par la commission scolaire locale. Pendant un certain temps, les trois femmes demeurèrent dans la même maison à Vanier.

Le fait de vivre à Vanier et de suivre des cours à Ottawa donnait à Minnie un sentiment d'indépendance qu'elle n'aurait jamais connu si elle avait cédé aux désirs de sa mère qui voulait que sa fille reste avec la famille dans le Nord. Ici, la moindre activité la comblait de joie, comme enfiler des vêtements colorés, faire du lèche-vitrine ou encore converser avec sa propriétaire à propos des cours qu'elle suivait. Vivre à Vanier rendait Minnie des plus heureuses, contrairement à l'époque où elle demeurait à Moose Factory et qu'elle passait la moitié de son temps à rêver d'être ailleurs.

(⟨

Tout juste avant Noël 1966, Minnie rendit visite à sa famille dans le Nord, puis resta là-bas. Evelyn, Maggie Budgen et elle-même correspondirent. Plus de 20 ans s'écoulèrent avant que Minnie ne revienne à Ottawa, désœuvrée et malheureuse, le jour de la fête d'Halloween 1987.

Ayant constaté que son amie avait parfois un problème d'alcool et sachant qu'elle avait subi de nombreuses opérations infructueuses pour corriger ses problèmes de vision, Evelyn avait accepté que Minnie vienne vivre avec elle. Avec l'aide de Maggie Bugden ainsi que de Doreen et Tim Milbury, cousins de Minnie, Evelyn entreprit de redonner vie à la Minnie pleine de vivacité que tous avaient connue, et de rattraper le temps perdu.

Enquête du coroner — Témoignage : Tim Milbury

Q. : Très bien. En dehors de sa consommation d'alcool ou de son alcoolisme, lui connaissiez-vous d'autres problèmes ?
R. : Non. Pour moi, Minnie n'avait pas de problème d'alcool. Je ne sais même pas comment elle buvait, si jamais elle buvait.

Quelques jours à peine après s'être installée chez Evelyn, Minnie apprit qu'un logement d'une seule pièce était disponible à Mechanicsville. Le lendemain de ses retrouvailles avec Evelyn et Maggie, Minnie s'était rendue au Odawa Native Friendship Centre pour y chercher des coupons alimentaires et s'informer à propos des magasins de vêtements et des logements bon marché. Comme par hasard, le Centre venait tout juste d'apprendre qu'un appartement meublé à Mechanicsville était disponible. Minnie le réserva aussitôt, sans même l'avoir visité.

La journée du déménagement, Vince Kicknosway, du Centre, conduisit Minnie à son nouvel appartement. Pendant le trajet, Minnie avait peine à contenir son enthousiasme et s'émerveillait à l'idée de vivre près du centre-ville. Avant même que Vince n'ait descendu de la voiture, Minnie s'était emparé de ses deux boîtes d'effets personnels et s'empressait de gravir les huit marches de l'escalier qui menait au logement situé au 18, rue Lowrey. Elle invita alors Vince à venir prendre le thé et des biscuits, et fut ravie qu'il accepte. Pendant que sifflait sur la cuisinière la bouilloire noircie qu'elle avait dénichée sous l'évier, elle ne cessa de marmotter qu'elle arrangerait son logement, et demanda où elle pourrait se procurer un téléviseur d'occasion. Vince se contenta de sourire, ne pouvant s'empêcher de penser combien ce logement changerait d'apparence après quelques semaines sous les bons soins de Minnie. Toutefois, il se demanda combien de temps celle-ci réussirait, sans emploi, à soutenir cet élan d'optimisme.

Une fois bien installée, Minnie entreprit aussitôt de s'organiser et d'informer tous ses parents et amis qu'elle vivait maintenant à Ottawa, dans son propre appartement, comme elle se plaisait à le préciser, et non dans une maison de chambres, chez un cousin ou un ami, et encore moins dans la rue. Un des premiers parents avec qui elle communiqua fut la sœur de sa mère, Daisy Arthur, qui vivait à Kirkland Lake.

À l'instar de Minnie, Daisy n'avait jamais répondu aux attentes de Maggie Sutherland et était donc à même de comprendre la joie de Minnie qui, après bien des obstacles, retombait encore une fois sur ses deux pieds.

Lettre à Daisy Arthur — de Minnie Sutherland

Chère Daisy,

Comment vas-tu de ce temps-là ? Moi, je ne me sens pas mal du tout. Je suis déménagée à Ottawa le mois dernier. C'est bien, mais très tranquille pour moi. Au moins j'ai des amies ici et nous allons au bingo de temps en temps.

Je n'ai pas encore cherché de travail et je ne me suis pas réinscrite à des cours. Mais je devrais être en mesure de le faire quelque temps après le Nouvel An. Ça ne m'a pas pris de temps à trouver un appartement. Je m'attendais à ce que ce soit difficile. Je suis restée chez mes amies pendant quatre jours. Après ça, je me suis mise à la recherche d'un appartement. Je l'ai trouvé tout de suite, la journée même ; j'ai aussi fait installer le téléphone, le numéro est le (613) 728-8070. Il ne me reste plus qu'à dénicher les quelques articles et meubles, comme des commodes, dont j'ai besoin. J'ai donc placé une annonce dans le journal *penny saver* [*sic*], pour recevoir des dons seulement. Maintenant, j'attends les appels. Devine quoi, Daisy, pendant que j'écrivais cette lettre, le téléphone a sonné. Un gars m'a demandé si c'est moi qui ai besoin de meubles. Il a dit qu'il avait un sofa en bonne condition de même qu'un fauteuil. Il a commencé à me poser des questions, d'où je venais et tout le tralala. Tu parles d'un numéro ! Il dit qu'il a 35 ans et qu'il vit seul. Il m'a aussi demandé si j'aimais prendre un verre. J'ai répondu de temps à autre. Puis, il a dit, tu aimes le vin ou la bière ? Et il voulait apporter de la bière chez moi, il a dit qu'il voulait me connaître. Hé, c'est quoi cette histoire-là ! Ah ! Ah !

J'ai dit que je trouvais qu'il était un peu trop tard. Alors, il a dit qu'il me donnerait un coup de fil demain. Excuse-moi une autre fois, mais le téléphone sonne encore. Eh bien Daisy, me voilà revenue. C'est un autre gars qui me demandait de quoi j'avais besoin. J'ai dit un sofa. Il m'a dit qu'il avait une télé en noir et blanc qui fonctionne bien. Il a dit qu'il est menuisier et qu'il aime travailler de ses mains. Il a dit qu'il a 62 ans. Il va m'appeler demain et m'apporter la télé. Je suis ici toute seule et je ris à cause des appels que j'ai reçus de ces gars. Je ne croyais pas que quelqu'un me téléphonerait. J'ai fait ça juste pour m'amuser. Probablement que le journal est sorti aujourd'hui. En fin de semaine, je suis allée avec mon amie et sa fille à un endroit qui s'appelle J. R. Dallas. C'est un bar à Hull, au Québec, qui reste ouvert après les heures de fermeture*. C'était super, il y avait plein de monde. Tous les soirs, l'endroit ouvre à 21 heures et ne ferme qu'à 5 heures. Mais la bière coûte vraiment cher! Le croirais-tu, ça coûte 3,25 $ la bouteille, plus 2 $ de frais d'entrée et 0,50 $ pour le vestiaire. Tu devrais venir me visiter à Ottawa, je pourrais t'y amener. Je suis certaine que tu aimerais ça. C'est comme une discothèque (les lumières font disco). Je suppose que tu te prépares maintenant à aller à Toronto pour les vacances de Noël. C'est dommage, je ne serai pas là. J'aurais pu t'amener au coin. Peut-être un jour. J'étais censée aller à Toronto dans la deuxième semaine de décembre, j'ai un rendez-vous chez le médecin pour mes yeux. Mais j'ai changé d'idée et, en fin de compte, je n'irai pas. Je prendrai un autre rendez-vous quelque temps l'an prochain. Eh bien Daisy, je vais maintenant te laisser.

J'espère avoir de tes nouvelles très bientôt. Je te souhaite un très Joyeux Noël et une Bonne Année à venir.

J'espère que tu t'amuseras.

de (Mini)

Ce n'est qu'après Noël que Minnie se mit vraiment à la recherche d'un emploi. Tôt le matin, elle enfilait manteau et bottes et se dirigeait aussitôt vers le distributeur automatique de journaux du coin. Une fois le journal acheté, elle s'empressait de revenir à la maison pour l'étaler sur la table et consulter les annonces classées en utilisant sa loupe, étant donné sa difficulté à lire les petits caractères. Lorsqu'une annonce attirait son attention, elle l'encerclait et se demandait chaque fois comment une personne qui avait besoin d'une loupe pour lire le journal pourrait passer une entrevue.

Acceptée au sein du programme Salem de l'Armée du salut, lequel offrait une formation professionnelle aux toxicomanes et aux alcooliques

---

*   En Ontario, les bars fermaient plus tôt qu'au Québec [note de l'éditeur].

en cure de désintoxication, Minnie avait l'occasion de tout recommencer à neuf. Ajoutons à cela son emploi au Centre des services de santé et d'action communautaire Dalhousie, situé à quelques minutes d'autobus de son logement, rue Lowrey. On lui avait confié des tâches de secrétariat, de counselling, de nettoyage, en plus des courses. Bref, elle était une femme à tout faire.

Elle aimait le quelque peu d'autorité que lui conférait son travail au Centre. Elle s'acquittait des tâches les plus simples, comme la distribution des coupons alimentaires et des billets d'autobus, avec beaucoup plus de sérieux que l'employé moyen. Pour elle, les sans-abri et les défavorisés étaient des clients au sens strict du mot, c'est-à-dire des personnes dignes de respect qui méritent le meilleur service qui soit.

Pour l'employé moyen, ces tâches auraient été banales, mais il n'en était pas ainsi pour Minnie. Elle saisissait toute l'importance des services offerts par le Centre pour une personne nouvellement arrivée en ville, seule, sans argent ni endroit où dormir. Elle ne se gênait pas pour offrir des conseils, du genre « sortez, rencontrez des gens », « ne restez pas dans votre chambre, vous allez devenir fou », ou encore « n'allez pas dépenser tout votre chèque en une seule nuit », « ne laissez pas les étrangers vous démoraliser ». Lorsqu'il s'agissait d'Autochtones, elle leur promettait d'aller leur rendre visite au Friendship Centre.

Minnie se lia rapidement d'amitié avec Sherry Halgerson et Sandra Barnaby, deux de ses collègues. Les deux femmes avaient connu des personnes inscrites à des programmes semblables à celui de Salem, qui avaient été incapables de côtoyer à longueur de journée des gens aux prises avec les mêmes problèmes qu'elles. C'est pourquoi, elles furent vite conquises par la gaieté proverbiale qu'affichait Minnie en dépit des nombreux visages crispés, des cœurs effrayés et des histoires malheureuses dont elle était témoin tous les jours. De toute évidence, Minnie avait beaucoup souffert au cours de ses 40 années d'existence, pour être en mesure de compatir si rapidement avec les âmes en peine qui se présentaient au Centre.

Sachant que son emploi était à court terme et qu'elle avait la chance de travailler avec des diplômés en travail social, Minnie relevait chaque nouveau défi avec la même ardeur. En même temps, elle savait pertinemment qu'aucun diplôme ne valait son expérience de la vie.

Sa sensibilité, son optimisme et son sens de l'humour à toute épreuve furent les principaux outils de Minnie pendant son séjour au

Centre. Les employés aussi bien que les clients appréciaient sa compagnie. Il n'était pas rare de voir sept ou huit personnes autour d'elle, assises sur son bureau ou encore sur le plancher, en train de bavarder. Elles étaient encore plus nombreuses autour de Minnie lorsque celle-ci recevait une boîte pleine de décorations de broderie perlée et des mocassins que sa mère avait confectionnés.

Malgré son attachement au Centre, la plus grande préoccupation de Minnie n'était pas son emploi, mais plutôt le désir qu'elle avait de voir sa fille cadette venir habiter avec elle.

Même sans emploi, Minnie avait insisté auprès de sa mère pour que celle-ci laisse Violet venir vivre avec elle, une première fois à Toronto, près de dix ans auparavant, puis à Ottawa, cette année. Mais Maggie demeurait inflexible ; elle prétendait qu'une jeune fille sans famille, dont la mère avait un problème d'alcool et était sans travail, n'avait pas sa place dans une grande ville. À tout considérer, Maggie aurait voulu que ses enfants aient le même type de vie que celui qu'elle avait partagé avec Bart quand leurs enfants étaient jeunes : pêcher le poisson pour le repas du soir, confectionner des vêtements et des bijoux dans le but de les vendre et, à l'occasion, séjourner dans la forêt pour ne pas oublier leurs racines.

Minnie ne parvenait pas à convaincre sa mère que la présence de Violet était peut-être ce dont elle avait justement besoin pour l'encourager à trouver un emploi stable et à délaisser la bouteille une fois pour toutes. Sa mère, soucieuse du bien-être de sa petite-fille, ne voulait prendre aucun risque. Ses principaux arguments reposaient sur les échecs de Minnie et sur son propre dégoût de la façon dont les Autochtones vivant en ville étaient traités.

La période de trois mois d'ouvrage pour Minnie passa très rapidement. À la fin de juin 1988, le fonds de financement provenant du programme Salem fut épuisé, ce qui força le Centre à payer de sa poche le salaire de Minnie pour qu'elle demeure en poste durant l'été.

À la fin de l'été, on annonça à Minnie une triste nouvelle : le Centre n'avait plus d'argent pour la garder à son service. Cette décision lui porta un coup terrible, peut-être à cause de sa naïveté ou encore de son refus d'admettre qu'elle allait perdre quelque chose d'intimement lié à un but précis dans sa vie.

Au cours des derniers jours au Centre, Minnie dissimula ses véritables sentiments, mais nul doute qu'elle était bouleversée. Dans son regard, on ne voyait plus cette chaleur qui la caractérisait si bien, on apercevait plutôt de la tristesse. Après son départ, elle revint régulièrement au Centre, chaque fois avec de nouveaux clients qui avaient besoin d'aide, surtout des Autochtones. Au fil des semaines, ses visites s'espacèrent et Minnie finit par ne plus y aller du tout.

« Je suppose que nous ne ferons pas de rencontres intéressantes ce soir », lança Minnie en poussant un profond soupir. Evelyn trouva cela bien amusant lorsque Minnie fit des blagues sur le fait qu'elle n'avait pas de petit ami en cette veille de jour de l'An et qu'il y avait sûrement de séduisants Vietnamiens dans le quartier chinois qui ne demandaient pas mieux que de faire sa connaissance. Étant au courant du petit faible de Minnie pour les Asiatiques, Evelyn la taquina en lui décrivant l'atmosphère qui devait régner ce soir-là dans les grands restaurants chinois de la rue Somerset : quelqu'un sans aucun doute lui taperait dans l'œil.

De bonne humeur, les deux femmes se résignèrent à passer la veille du jour de l'An fin seules. Elles ressassèrent de vieux souvenirs de Noël et du jour de l'An, et Minnie conclut que ce voyage dans le temps serait leur seule sortie ce soir-là.

Elle demanda à Evelyn de lui décrire les étrennes qu'elle avait achetées à ses enfants cette année, sachant très bien qu'elle serait tenaillée par la douleur, non seulement parce qu'elle n'avait pas d'argent pour acheter des cadeaux à ses propres filles, mais aussi parce qu'elle ne s'était pas opposée à la demande insistante de sa mère de ne pas envoyer de cadeaux à Violet.

Evelyn commença à parler des célébrations qui étaient prévues dans les divers bars de Vanier à l'occasion du Nouvel An et se demandait si l'une ou l'autre de leurs connaissances y prendrait part. Mais Minnie affirma que, même si elle avait eu de l'argent, elle ne serait guère d'humeur à aller dans un bar. Tout ce qu'elle voulait, en cette veille du jour de l'An, était d'assister au feu d'artifice sur la colline du Parlement.

Chapitre III

Chez *Claude*

*J'ai appris à connaître Minnie seulement
lorsque je me suis installée à Ottawa.
À Kash, notre maison était située près de la sienne,
mais Minnie était souvent absente.*
Joyce WESLEY

U NE HEURE plus tard, emmitouflée dans un long manteau brun, une écharpe nouée autour du cou, et une tuque de laine enfoncée sur les oreilles pour les protéger du froid, Minnie se présenta à la porte d'Evelyn, à Vanier. Sur le seuil, Minnie gratifia sa vieille amie d'un large sourire, qui se faisait bien rare ces temps-ci, et qui lui fit presque perdre ses lunettes à double foyer.

Evelyn informa aussitôt Minnie qu'elle avait invité son amie, Suzie, à venir avec elles assister au feu d'artifice. Suzie n'attendait plus que sa gardienne, qui devait arriver d'une minute à l'autre, pour se joindre à elles. Minnie enleva son manteau et ses bottes.

Une bonne heure s'écoula, et Suzie n'arrivait toujours pas. Pendant tout ce temps, Minnie, qui ne cessait de regarder sa montre, enfilait puis retirait son manteau, puis le renfilait et l'ôtait de nouveau, et ainsi de suite. Gants et tuque en main, elle arpentait le couloir jusqu'à ce que la chaleur la gagne, et qu'elle décide d'enlever son manteau une fois de plus. Quelques minutes plus tard, le manège recommençait.

Minnie avait tout de même raison de s'en faire : le feu d'artifice devait commencer à minuit, et il était déjà 22 h 45. Il leur fallait marcher une distance de cinq pâtés de maisons pour aller prendre un autobus en direction de la colline du Parlement.

Constatant que Minnie s'agitait, Evelyn lui rappela que chacune de son côté avait bien failli passer la veille du jour de l'An fin seule. Cette petite remontrance raviva chez Minnie le sentiment de vide qui l'avait habitée cette journée-là. Evelyn avait raison, mais Minnie se sentait incapable, du moins pour le moment, de l'admettre. Elle était effectivement contente de passer la soirée avec sa vieille amie et plus heureuse encore d'avoir quitté Mechanicsville où ce serait le calme plat ce soir, sauf chez Elmdale House, débit de boissons minable situé rue Wellington.

Le téléphone sonna tout juste avant 23 heures. C'était Suzie ; sa gardienne venait d'arriver. Comme Suzie demeurait tout près de l'hôtel Claude et qu'il y avait un arrêt d'autobus de l'autre côté de la rue, elle leur suggéra de venir la rejoindre à cet endroit et leur dit que si elle arrivait la première, elle les attendrait à l'intérieur de la taverne.

L'hôtel Claude, « chez *Claude* » pour les habitués, est un des nombreux débits de boissons qui jalonnent l'avenue Beechwood, entre le pont de la rue St. Patrick et le cimetière situé à l'extrémité est de Vanier. Établi depuis 50 ans en 1988, l'hôtel Claude servait de refuge désaltérant à la classe ouvrière. Des bars plus modernes avaient récemment ouvert leurs portes dans le secteur et étaient tout aussi populaires, mais ils n'étaient pas fréquentés par la même clientèle que celle de chez *Claude*.

Les fins de semaine, vous aviez beau être ivre mort sur votre chaise, les cheveux parsemés d'éclats de verre, le sang dégoulinant de vos blessures, vous pouviez tout de même accrocher le regard d'une de ces femmes installées au bar. Vous pouviez maudire Anglais et Juifs, et voir l'un d'eux venir quand même prêter main-forte lors d'une engueulade. Le tout prenait fin, en général, par un sandwich et un pari à savoir qui avait le père le plus dégueulasse. C'était l'endroit rêvé où noyer sa peine dans un verre de bière, et peu importe la saison, on laissait sa solitude au vestiaire, comme un vieux manteau.

L'immeuble qui abritait l'hôtel Claude n'attirait guère l'attention, si ce n'est du revêtement orange fluo qui balafrait la partie supérieure d'un mur en stuc gris. À l'étage au-dessus, on avait aménagé des chambres, tandis qu'au rez-de-chaussée se trouvaient deux grandes salles rectangulaires réunies par un bar. Du côté de la rue Maisonneuve, qui croise l'avenue Beechwood, se situait l'entrée du bar mixte ; on pouvait s'engouffrer dans la taverne et en sortir discrètement depuis le stationnement situé à 50 pieds à l'arrière.

L'hôtel Claude comptait de nombreux clients fidèles et même s'ils n'avaient pas tous les mêmes moyens, travailleurs et chômeurs s'y côtoyaient allègrement.

Parmi les habitués de l'hôtel, figuraient de ces travailleurs qui, toujours à la recherche d'ouvrage (occupant parfois deux ou trois emplois dans la même semaine), ne faisaient qu'un saut à la taverne, le temps d'engloutir rapidement une bière avant de filer à la maison. Ces hommes subvenaient aux besoins de leurs femmes qui, la plupart du temps, étaient enceintes, ainsi qu'à ceux de leur marmaille. Ces jeunes, dès l'âge de 18 ans, ramenaient à la maison leurs propres enfants pour que *grand-mère* en prenne soin. Les chômeurs et les sans-famille venaient flâner chez *Claude* des heures durant, faisaient des courses pour le personnel, écoutaient les doléances des autres et animaient la place grâce à leurs allées et venues. L'aide sociale était « monnaie courante », et certains clients s'étaient installés de façon permanente dans les chambres à l'étage supérieur.

Avant la fin de la soirée, des policiers faisaient une petite visite et repartaient avec au moins une ou deux personnes ayant semé la pagaille. On ne percevait guère ces incidents comme des atteintes à l'ordre public : que serait une soirée sans une ou deux bonnes bagarres ? Qu'adviendrait-il aux éternels dormeurs pour qui un réveil brutal était l'occasion de commander une autre bière ?

On annonçait le dernier service aux environs de une heure, soit au moment où un épais nuage de fumée flottait dans la salle crasseuse, lequel ne se dissipait qu'au petit matin, alors qu'on ouvrait portes et fenêtres, qu'on passait les planchers de terrazzo au boyau d'arrosage et qu'on vaporisait au Lysol chaque centimètre carré. À ce moment-là, il n'y avait plus personne. Certains avaient regagné les chambres à l'étage au-dessus, d'autres étaient simplement retournés à la maison, tandis qu'un ou deux avait passé la nuit dans une entrée ou un vestibule d'immeubles à logements situés le long de l'avenue Beechwood. Le lendemain soir ou le surlendemain, tous revenaient chez *Claude* qui représentait une escapade pour l'ouvrier qui s'était levé à 5 heures pour aller briqueter ou balayer les rues, et un attrait inconditionnel pour ceux qui y passaient le plus clair de leur temps.

Minnie et Evelyn arrivèrent donc à l'hôtel Claude aux environs de 23 h 15. L'endroit était déjà bondé, mais qu'à cela ne tienne, c'était la veille du jour de l'An, les gens semblaient gentils. À la vue des deux femmes, on se mit à déplacer chaises et clients pour leur laisser la voie libre. Un homme assis à une table offrit sa chaise à Minnie et aussitôt un autre céda la sienne à Evelyn. Cinq minutes après leur arrivée, un Inuit de Frobisher Bay, haut de taille, se présenta à la table pour offrir une tournée. Il s'appelait Sam.

C'est alors que Minnie aperçut ses deux cousines, Joyce et Pauline, assises à une table de l'autre côté de la salle, près de la sortie. Elles se disputaient.

Pauline venait tout juste de reprendre place à la table de Joyce après avoir été mise à la porte de la taverne. Deux hommes, semble-t-il, s'étaient installés entre les deux femmes en grande conversation. La réaction de Pauline fut immédiate : elle avait cassé une bouteille de bière sur la tête de l'un d'entre eux et aussitôt, un serveur l'avait agrippée par un bras et, l'accompagnant jusqu'à la porte d'en avant, l'avait incitée à quitter les lieux. Puis, lorsqu'elle réussit à rentrer discrètement par la porte arrière, elle aperçut Joyce, maintenant seule à sa table, contemplant son verre de bière.

D'abord, les deux sœurs se fixèrent un temps, ensuite Pauline commença à parler de leur autre sœur, Delma, qui avait péri, avec ses trois enfants, dans sa maison détruite par un incendie à Fort Albany, quelques mois auparavant. Ces pénibles souvenirs éveillèrent la colère de Joyce, qui n'était certes pas venue passer la veille du jour de l'An chez *Claude* pour parler des ennuis de sa famille au cours de l'année. Puis, Pauline commença à se lamenter à propos de l'injustice dont elle avait été victime quand elle était jeune ; alors Joyce se leva de table et empoigna sa sœur pour la projeter contre le mur. Pauline, en larmes, sortit par la porte arrière laissant Joyce de nouveau seule à sa table.

Peu de temps après, Joyce aperçut Minnie et Evelyn de l'autre côté de la salle. Toutefois, elle hésitait à se joindre à elles, n'ayant rencontré Evelyn qu'une seule fois et connaissant sa cousine Minnie que depuis l'arrivée de cette dernière à Ottawa, il y avait quelques mois seulement. Mais, seule à sa table, elle s'ennuyait à mourir. Les hommes ne cessaient de lui lancer des regards craintifs, pensant qu'elle imiterait sa copine et qu'elle se mettrait à leur fracasser des bouteilles de bière sur la tête.

Elle se leva, prit son manteau et sa bière, puis se joignit à Minnie et à Evelyn.

Enquête du coroner — Témoignage : Joyce Wesley

R. : C'est juste avant le compte à rebours du jour de l'An que j'ai remarqué Minnie, Evelyn Mark et deux autres personnes assises à l'autre bout, dans un coin près des toilettes ; comme j'étais seule à ma table, j'ai pris mon manteau, ma bière et je suis allée les rejoindre.

Q. : C'était donc une rencontre imprévue ?

R. : Oui.

Q. : Vous ne vous attendiez pas à…

R. : Non, je ne…

Q. : … à la voir par hasard.

R. : … m'attendais pas à la voir là, jusqu'à ce que je l'aperçoive.

Q. : Et vous avez vu Minnie avec Evelyn Mark ?

R. : Oui.

Q. : Qui est Evelyn Mark ?

R. : Son amie.

Q. : Son amie ? Et y avait-il quelqu'un d'autre avec elles ?

R. : Oui, deux autres personnes : un homme et une femme.

Q. : Les connaissiez-vous ?

R. : Non.

Q. : Et qu'est-ce qui vous a frappée chez Minnie à ce moment-là ? Qu'est-ce qu'elle faisait ?

R. : Eh bien, elle buvait une bière, comme n'importe qui d'autre là-bas et…

Q. : Bon.

R. : ... comment dire, nous avions simplement du bon temps. Nous bavardions et dansions.

Le groupe Select, qui chantait des ballades country, venait de commencer son troisième tour de chant, tout juste après 23 h 30. Sachant que c'était le dernier avant le début de la nouvelle année, le groupe fit une entrée en scène très remarquée : les musiciens avaient revêtu, pour l'occasion, leurs plus beaux habits et cadraient bien avec la clientèle, ce qui ne les empêcha pas d'avoir l'air mal à l'aise, comme s'ils ne se sentaient pas à leur place.

La chanteuse Kelly Madore se fraya un chemin jusqu'à la scène, les talons collés au sol, suivie de Ginette, guitariste et choriste du groupe, puis de Carl, le batteur. Leur arrivée sur scène fut accueillie par des sifflements et un tonnerre d'applaudissements. L'orchestre exécuta aussitôt quelques ballades et, à l'approche de minuit, Kelly chanta une version plutôt lente du succès de Steve Wariner, *What I Didn't Do*. C'était la pièce favorite de tous, et la piste de danse fut bientôt bondée alors que l'orchestre enchaîna gaiement avec *Old Time Rock'n Roll*. Tous étaient maintenant prêts pour le compte à rebours.

Minnie alla danser avec un Asiatique qui avait joué à la machine à sous installée près du mur. Evelyn demeura à sa place et bavarda avec l'Inuit qui s'était assis à leur table. Joyce resta tout simplement là, à boire sa bière.

On était la veille du jour de l'An, et tout le monde était gentil.

À 23 h 30, la salle était pleine à craquer, à un point tel que Tom, barman chez *Claude* depuis la fin des années 60, dut quitter son poste plusieurs fois au cours de la soirée, pour dire aux nouveaux clients qui affluaient, qu'ils feraient mieux de chercher un autre endroit pour célébrer. « Allez au Butler », répéta-t-il à au moins cinq groupes de fêtards déçus, sachant très bien que sa suggestion d'aller célébrer dans un de ces bars plus modernes et plus à la mode serait complètement ignorée.

Le videur régulier qui expulsait les indésirables de la taverne avait demandé un congé ce soir-là. Tom le lui ayant refusé, il décida tout de même de ne pas se présenter au travail. Son remplaçant, dépêché par le service de main-d'œuvre situé sur le chemin de Montréal, fit de même. Enfin, un des clients proposa ses services comme videur, assurant à Tom qu'il avait l'expérience nécessaire, acquise principalement lors d'un séjour en prison. Il se mit à la tâche aux environs de 20 heures, et à minuit, invitait allègrement quiconque déambulait dans la rue à venir prendre part aux célébrations qui se déroulaient à l'intérieur. De toute évidence, il n'entendait rien aux mathématiques et avait ainsi admis environ 50 personnes de plus que la limite permise par le règlement du service d'incendie.

Même si Tom avait l'œil sur son nouvel employé temporaire, qui se tenait à la porte d'en avant, il n'avait guère le temps d'apercevoir les gens qui faisaient la file à l'extérieur, et encore moins ce qui se passait de l'autre côté de la pièce. Il balayait la salle du regard afin de demeurer à l'affût de ceux qui voulaient commander un autre verre. À l'approche du compte à rebours, son anxiété prit le dessus et il se mit à lancer des ordres à ses serveurs, les pressant de s'occuper des clients. D'expérience, il savait que le moment viendrait où la situation se stabiliserait pendant un certain temps, puis que ce serait rapidement l'heure de fermeture et c'en serait fait de l'année.

La marche à suivre n'avait plus de secret pour Cecil Thomas qui en était à sa 22ᵉ veille du jour de l'An à l'hôtel Claude. Au fait, personne ne le connaissait sous son vrai nom, tout le monde l'appelait Tom, diminutif non pas de Thomas mais plutôt de Tomahawk, surnom qu'on lui avait collé 20 ans auparavant, à l'époque où il jouait au hockey et terrorisait ses adversaires.

Pour plusieurs, Tom était le propriétaire. On disait : « Rendez-vous chez Tom », ou encore « Allons prendre une couple de bières avec Tom. » L'image qu'on se faisait de lui correspondait exactement à la perception qu'avait Tom de lui-même : le responsable de la boîte. Les propriétaires changent, comme il l'affirmait souvent, ça prend donc quelqu'un qui reste pour réussir à faire « rouler » un endroit comme chez *Claude*.

Tom était fier de sa taverne et la considérait comme un bar familial, un lieu où les amis pouvaient se réunir, où chacun pouvait fuir sa solitude. Cela le rendait furieux quand, d'un air hautain, quelqu'un qualifiait l'endroit de trou à rats. De plus, il n'aimait pas que l'un des serveurs s'en prenne à un client. Certes, il peut arriver à tous de perdre patience à l'occasion, mais au cours de ses 20 années de carrière chez

Claude, Tom n'avait pris part qu'à quatre bagarres et ne s'était blessé qu'une seule fois : une fracture du nez à la suite d'une gageure prise avec un copain qui cherchait à éviter de payer une dette de 100 $.

Tom accordait une attention toute particulière à la façon dont les serveurs traitaient les clients amérindiens et inuits. Que ce soit en raison de son surnom ou de la conviction qu'il avait que le pays entier appartenait aux Autochtones d'abord et avant tout, Tom prenait toujours le temps d'apprendre à connaître ces gens timides et tranquilles qui venaient faire un tour. Il était fasciné par les noms de village qu'il entendait pour la première fois, comme Iqualut, Inuktatuk et Waswanipi, et encore davantage par les histoires des gens qui réussissaient à survivre dans ces régions éloignées. Ces clients qui s'ouvraient à lui après quelques visites seulement et qui finissaient par causer librement le touchaient au plus haut point. Il affirmait, non sans fierté, que la taverne chez *Claude* s'avérait le parfait antidote contre la solitude dont souffraient ces personnes nouvellement arrivées en ville.

Ce n'est qu'au milieu des années 80 qu'un nombre considérable d'Autochtones commencèrent à fréquenter l'hôtel Claude. À l'époque, l'endroit avait la réputation d'être un bar crasseux et enfumé où l'on pouvait boire de la bière pression à bon marché. Leur arrivée coïncida avec l'augmentation du nombre d'Autochtones qui laissaient leur réserve dans l'espoir d'une vie meilleure en ville, et qui finalement subissaient des conditions tout aussi sordides que celles qu'ils avaient quittées dans leur région natale.

Chez *Claude*, ils prenaient place à une ou deux tables, toujours les mêmes. Les hommes aimaient boire surtout de la bière, tout comme les femmes d'ailleurs. Toutefois, la plupart des soirs, seulement une ou deux femmes s'attablaient parmi une douzaine d'hommes. Bien que leurs rapports fussent en grande partie superficiels, tous s'accueillaient chaleureusement et avec respect. Dans un bar, cela signifie une tournée pour la tablée. Il y avait toujours au moins une personne dans le groupe qui avait de l'argent, et à la fin du mois, avec l'arrivée des chèques d'aide sociale, tous pouvaient payer une tournée.

Quelques Autochtones devinrent des clients assidus et venaient toutes les fins de semaine, si ce n'est tous les soirs. Quand l'un d'eux voulait se bagarrer, Tom lui offrait le choix de se calmer ou de quitter les lieux. Le client, prêt à s'obstiner, finissait habituellement par se soumettre lorsque Tom lui affirmait qu'il avait un travail à faire. Dans les cas où la tactique échouait, et que le client ne se calmait pas, Tom se dirigeait tout simplement vers lui pour aller lui glisser quelques mots dans le creux de l'oreille. La plupart du temps, les trouble-fête finissaient leur consommation et quittaient les lieux sans faire d'histoire.

En cette veille du jour de l'An, Tom était particulièrement fier de son coup. Il prévoyait accueillir beaucoup de monde. Il ne s'était guère trompé lorsqu'en début de journée, Kelly Madore et lui étaient allés acheter des ballons qu'ils avaient accrochés aux plafonniers, quelques centaines de chapeaux verts et or à distribuer, quelques flûtes ornées de plumes pour marquer le compte à rebours et des poinsettias artificiels en solde d'après Noël, un pour chaque table.

Ce matin-là, les deux avaient consacré un bon deux heures à la décoration de la salle, et l'effort en valut la peine. Les clients assidus étaient tous présents et les autres arrivaient assez sobres pour être disposés à consommer. Le temps était à l'accalmie ; de fait, la veille du jour de l'An, les bagarres éclatent rarement avant que ne soit complété le compte à rebours, elles surviennent plutôt quand l'excitation de la fête et la tension accumulées pendant la soirée doivent trouver leur exutoire.

Selon Tom, le passage à 1989 se ferait tout en douceur.

Dans les dernières minutes de 1988, l'hôtel Claude ressemblait à la plupart des autres bars où les gens s'affairaient à célébrer la nouvelle année : il y avait des gens debout, assis, penchés sur les tables encombrées, renversant bières et cendriers, gesticulant dans leur conversation, grommelant des salutations et des souhaits de la nouvelle année au milieu du tohu-bohu assourdissant des airs de l'orchestre et des boules de billard. Les plus énergiques faisaient montre de leurs talents sur la piste de danse, au milieu du bruissement des robes et des complets de polyester causé par les ondulations du *hustle*, du *jive* et du twist. Au bar, des gens regardaient à la télévision l'émission spéciale de la veille du jour de l'An avec Guy Lombardo. Dans tout ce vacarme, Kelly et son orchestre désiraient ardemment capter l'attention de tous, en supposant qu'on voulait les entendre, mais seule la voix tonitruante des machines à boules parvenait jusqu'à eux.

☾

Minnie dit à Joyce ce qu'elle avait annoncé à tout le monde ce soir-là : elle et Evelyn allaient voir le feu d'artifice sur la colline du Parlement dès que l'amie d'Evelyn, Suzie, serait arrivée. Joyce se montra perplexe : il était pratiquement minuit, elles n'auraient jamais le temps de s'y rendre.

« De toute façon, vous avez du plaisir ici », de dire une personne à la table. « Pourquoi aller se faire geler à l'extérieur ? »

Minnie pesa le pour et le contre. Déjà, elle se doutait bien qu'un autobus n'aurait pas le temps de les y amener. De plus, personne ici n'était en mesure de les conduire en automobile.

Malgré sa vive déception, Minnie ne voulait pas qu'Evelyn se sente mal à l'aise en raison de l'absence de Suzie. Tout aussi déçue, Evelyn répéta ce qu'elle avait dit précédemment : « C'est quand même mieux ici qu'à la maison. » Aussitôt, Minnie repensa à son appartement où elle avait nourri tant d'espoirs à son arrivée à Ottawa, mais où elle avait également passé trop de temps dernièrement.

À minuit, Minnie avait tout oublié et, avec Evelyn, n'attendait plus que le compte à rebours chez *Claude*. C'était mieux ainsi puisque Suzie ne se montra jamais.

☾

L'année 1989 fut saluée sans grand faste. Au milieu de tout ce vacarme, Kelly Madore cria à tue-tête les 30 dernières secondes du compte à rebours. On leva les verres, on se donna les accolades d'usage, on s'embrassa, on s'étreignit chaleureusement et on échangea d'heureux souhaits sur la piste de danse. Les cigarettes servirent à faire éclater les ballons suspendus au-dessus des tables. Les gens claironnaient à voix haute lorsque Kelly, Ginette et Carl entonnèrent la chanson écossaise *Auld Lang Syne* sur le coup de minuit. Ginette, plutôt en retrait, finit par s'avancer pour unir sa voix à celles du groupe lorsqu'elle constata que Kelly avait peine à se faire entendre. Certains des clients qui se tenaient près de la scène chantèrent avec eux avant de tituber jusqu'à la piste de danse, qui était de nouveau bondée maintenant qu'avait sonné le coup de minuit. Tom donna l'ordre à l'un des serveurs de s'occuper de remplir les verres vides, et Sam, l'Inuit qui était assis à la table de Minnie, fit écho à Tom en payant une nouvelle tournée.

Tom annonça le dernier service tout juste avant une heure, mais personne n'y prêta attention. Tous s'amusaient ferme et n'avaient rien à faire de cette voix qui les avisait que la soirée prendrait bientôt fin. Pourquoi s'en faire? Tom savait très bien que la taverne demeurerait ouverte, comme c'était toujours le cas la veille du jour de l'An, et que les policiers qui s'y présenteraient auraient terminé leur quart et viendraient eux-mêmes prendre une bière.

Tom se réjouit à penser que la soirée dépassait toutes ses espérances. Un signe de bon augure pour l'année à venir. Aucune bagarre à signaler, et pratiquement tous les barils de bière empilés à l'arrière étaient vides.

Enquête du coroner — Témoignage : Joyce Wesley

R. : Avant de partir, j'ai proposé à Minnie « Allons chez *J. R.* », mais elle m'a répondu qu'elle n'avait pas d'argent. Alors je lui ai dit, ne t'en fais pas si tu n'as pas d'argent. À ce moment-là, un Inuit du nom de Sam, est arrivé.

Q. : Un Inuit?

R. : Oui.

Q. : Bon.

R. : Et avant notre départ, il a dit : « Allons chez *J. R.* Je paie le taxi et la boisson. » Toutes trois étions d'accord. Il a donc appelé un taxi et nous sommes partis.

Aux environs de 1 h 30, l'hôtel Claude se vida d'un seul coup. Sachant qu'il faudrait lutter à qui mieux mieux pour obtenir un taxi, Sam se précipita à l'extérieur, suivi de Minnie, d'Evelyn et de Joyce. Il réussit à se frayer un chemin parmi la foule et se tint au milieu de l'avenue Beechwood. Presque aussitôt, il héla un taxi dans la multitude de voitures qui roulaient dans les deux sens. Il prit place à l'avant du taxi qui effectua un demi-tour et s'arrêta devant chez *Claude*. En s'entassant sur la banquette arrière, chacune des femmes félicita Sam en lui donnant une tape sur l'épaule.

Après avoir traversé le pont de la rue St. Patrick, les quatre lurons prirent un raccourci vers le pont qui menait à Hull. À l'intersection des rues St. Patrick et King Edward, à la hauteur de la maison des Bergers de l'espoir, leur attention fut attirée par un groupe de personnes dont certaines regardaient les voitures filer à vive allure, et d'autres, comme on pouvait le constater, avaient décidé de suspendre leur cure de désintoxication de drogue ou d'alcool pour la nuit. *Pourquoi pas ? Les 365 prochaines journées seraient bien assez pénibles.*

Le taxi arriva à la hauteur de l'immeuble miroitant qui abrite le Musée des beaux-arts du Canada, et s'engagea dans la voie le long de la pointe Nepean. Laissant derrière eux le Musée, ils aperçurent aussitôt les lumières de Hull qui brillaient d'un vif éclat. Au moment de traverser le pont Alexandra, Minnie se retourna pour jeter un coup d'œil sur les édifices du Parlement, dont la silhouette se détachait dans la nuit. Pour nombre d'Autochtones, ces édifices étaient un symbole d'oppression, chaque flèche effilée, un redoutable adversaire. Par ailleurs, ses nouveaux amis d'Ottawa considéraient ces immeubles comme des symboles de liberté, et chacun des arcs, une porte offrant des perspectives d'avenir. En cette nuit du Nouvel An, Minnie savait une chose : le prochain feu d'artifice n'aurait lieu qu'à la fête du Canada, six mois plus tard.

Chapitre IV

Dernière tournée

Je suis rentré tard à la maison, après mon travail.
Voyant Patrick et Michel déjà couchés, je leur ai dit :
« Allez debout les gars ! »
Ils n'étaient pas très enthousiastes, alors je leur ai lancé :
« Hé ! il est 23 h 30 ! Allons tous à Hull pour le dernier service. »
Nous avons eu toutes les misères du monde
à obtenir un taxi en cette veille du jour de l'An.
Lorsque nous sommes finalement arrivés à Hull,
il était déjà très tard.
David KNOX, étudiant

LA VILLE de Hull entretient des rapports de longue date avec Ottawa. Située dans l'Ouest du Québec, sur la rive de la rivière des Outaouais qui fait face à la capitale nationale, Hull a une population d'environ 100 000 personnes, pour la plupart des francophones. À l'époque des premiers Européens, Anglais et Français vivaient à couteaux tirés sur les rives nord et sud de la rivière. Cela ne les empêcha pas toutefois de reconnaître l'importance de cette voie navigable et de rendre hommage à la bande Odawa regroupant les Indiens algonquins qui faisaient le commerce dans ce territoire. Ils baptisèrent la rivière du mot indien : Outaouais pour les Français et Ottawa pour les Anglais. Bytown, capitale officieuse du Canada anglais, ne voulant pas être en reste, réclama la rivière pour sienne et adopta le nom d'Ottawa.

Au cours des dix années qui précédèrent la Confédération en 1867, Ottawa fut choisie pour devenir la capitale d'un Canada anglais et français soi-disant uni. À cette époque, les différences culturelles et linguistiques entre les deux peuples, qui proclamaient chacun haut et fort que le Canada leur appartenait, étaient ancrées profondément dans l'esprit de tous, ce qui fait que Hull et Ottawa, quoique voisines, vivaient souvent sur le pied de guerre.

La ville de Hull fait partie, tout comme Ottawa, de ce que la plupart des Canadiens anglais appellent la région de la capitale nationale. Cela signifie que la ville d'Ottawa n'est pas la seule à profiter des subsides fédéraux pour aménager son environnement. La plupart des manifestations nationales et locales comprennent la ville de Hull, et ce, pas seulement de façon symbolique. Si la ville d'Ottawa doit se mettre sur son 31 pour des manifestations comme la fête du Canada et le Festival des tulipes, la visite d'une personnalité étrangère ou encore les sommets organisés à l'intention des chefs d'État, Hull emboîte, elle aussi, le pas.

Au cours des années 60, les deux villes furent appelées, de façon précipitée, à unir leurs efforts, principalement pour préparer les célébrations de 1967 du centenaire de la Confédération canadienne. Ce mariage de raison combla de joie les fédéralistes des deux provinces, mais fit peu de cas de l'identité propre des deux villes ainsi que de leurs particularités physiques. On se concentra plutôt sur ce que plusieurs estimaient être un avenir incertain.

Au lieu de mettre en valeur les immeubles qui avaient été les fidèles témoins des 100 dernières années, le Conseil municipal d'Ottawa prit la décision de les démolir, même certains de ceux en meilleur état, et approuva la construction de tours de bureaux modernes.

À l'aube du centenaire, la ville de Hull succomba à la même crise de métamorphose qui avait secoué la ville d'Ottawa. Ainsi, la plupart des vieux bâtiments qui jalonnaient le bord de l'eau furent démolis pour céder la place à des tours de bureaux du gouvernement, et ce, dans le but de faire de Hull plus qu'une excroissance de la capitale du pays.

Malgré les prétentions historiques d'Ottawa sur le territoire qui lui faisait face, jamais le cœur ni la culture de cette vieille ville ouvrière ne purent être modifiés, surtout pas ceux de la promenade du Portage, appelée alors rue Principale par les gens de Hull. Les visiteurs de l'Ontario, eux, la surnommaient la « strip ».

La « strip » débute rue Eddy, dont le nom fut donné en l'honneur de la compagnie E. B. Eddy Paper Company établie à cet endroit depuis 150 ans environ, et se termine rue Laurier, là où se trouve la partie est de l'usine de papier de la compagnie. D'une longueur d'à peine quatre pâtés de maisons, la rue fut déjà bordée de 20 bars, sans compter les restaurants, pizzerias, quelques hôtels et un cinéma placardé où furent projetés, à un certain moment, des films pour adultes. Ainsi, afin de ne pas voir leur établissement noyé dans la masse, les propriétaires avaient l'habitude d'ériger d'immenses panneaux fluorescents aux formes aussi bizarres qu'un énorme bâton de rouge à lèvres ou des palmiers, et d'affubler leur établissement de noms percutants comme Zap et J. R. Dallas. Les noms, à l'instar des propriétaires, pouvaient changer tous les deux ans ou moins.

Au milieu de cette multitude de boîtes de nuit, se trouvait le véritable point de repère de la « strip » : une intersection surnommée les « quatre coins » en raison de sa grande superficie par rapport à l'étroitesse des rues qui y convergeaient. De cet endroit, aux petites heures du matin, les voitures s'engageaient rue Laval, puis attendaient à la queue leu leu pour traverser le pont menant à Ottawa. Sur le terre-plein, des groupes de trois et quatre personnes agitaient bras et mains pour héler un taxi, le plus souvent sans succès. À la fermeture des bars, voitures et piétons éprouvaient énormément de difficultés à se déplacer dans la « strip ».

En 1988, les discothèques et les bars de Hull et, il va sans dire, du reste du Québec, demeuraient ouverts jusqu'à 3 heures. Cela signifiait que les résidants de l'Ontario pouvaient s'y rendre après l'heure de fermeture des établissements de leur province, soit une heure. Ils y accouraient non seulement pour boire pendant une ou deux heures de plus, mais pour s'abreuver de « l'autre » culture. Du moins, c'est ce qu'ils prétendaient. Mais en réalité, cette culture, ils la considéraient comme étrangère.

Bien que certains affirment le contraire, les rapports entre les résidants d'Ottawa et de Hull furent toujours tendus, que ce soit dans la quête d'un emploi au gouvernement, dans le choix de langue pour amorcer une conversation ou encore dans la célébration d'un événement pour lequel les deux villes sont censées unir leurs efforts. Mais, à 3 heures, dans la « strip », les gens sont trop fatigués, trop saouls ou trop en quête de plaisirs sexuels pour faire la distinction entre « eux et nous » et pour se soucier de dire les bonnes choses. Ils sont là pour s'amuser : danser jusqu'à la fermeture de l'établissement, avaler hamburgers et sandwichs dans un restaurant, ou encore des pointes de pizza avec des amis, reluquer les filles bien tournées, lancer des railleries aux automobilistes en plein milieu de la rue ou s'interroger sur la mine sévère des policiers alors que tout le monde s'amuse.

Le taxi laissa Minnie et ses amis un peu à l'est du J. R. Dallas. À cet endroit, un petit passage avait été pratiqué dans l'énorme banc de neige qui recouvrait la moitié du trottoir. Sam se rendit à la porte de l'établissement, sous le panneau lumineux (un chapeau de cow-boy en tubes fluorescents), et paya lui-même les frais d'entrée de ses amies. Une fois leur main marquée au tampon, tous s'aventurèrent dans la salle principale. C'est à ce moment-là que le videur intercepta Sam.

Dans l'euphorie des célébrations chez *Claude*, personne n'avait remarqué la façon dont Sam était vêtu. Comment aurait-on pu l'informer que ses bottes de construction ne correspondaient pas à la tenue réglementaire du J. R. Dallas ? Pour la première fois de la soirée, Minnie et ses amies s'interrogèrent sur l'identité réelle de Sam et se demandèrent comment cela se faisait qu'il n'était pas au courant des politiques de base dans les bars, d'autant plus qu'il semblait bien connaître les rudiments du métier de buveur.

Résignées, elles décidèrent de quitter l'établissement avec Sam. Après tout, il s'était occupé du taxi et avait déjà payé les frais d'entrée chez J. R. Dallas. Elles ne pouvaient tout simplement pas le laisser là, seul, surtout en cette veille du jour de l'An.

Enquête du coroner — Témoignage : Joyce Wesley

R. : Quand nous nous sommes aperçues qu'il ne pourrait pas entrer, nous avons essayé au Zap, mais la même chose s'est produite.

Q. : Les chaussures à bouts en acier, comme les bottes de construction, sont exclues de la tenue exigée.

R. : C'est exact.

Grelottant devant le bar Zap et accusant le coup de ce refus, Minnie et ses amies avaient maintenant la certitude qu'elles ne pourraient aller nulle part avec Sam et ses godasses. Elles retournèrent vers le J. R. Dallas en discutant de ce qu'elles feraient. C'est alors qu'elles constatèrent que Sam avait disparu. Elles s'immobilisèrent et regardèrent autour d'elles, mais un groupe de personnes les talonnant se mit à tempêter contre les piétons, impatientes qu'elles étaient de se rendre rapidement dans un bar avant l'heure de fermeture.

L'empreinte à l'encre du J. R. Dallas encore toute fraîche sur leur main, Minnie, Joyce et Evelyn décidèrent d'y retourner. Il ne restait plus qu'une demi-heure avant la fermeture.

Le J. R. Dallas, tout comme des centaines de bars en Amérique du Nord, ouvrit ses portes en 1981, dans la foulée de la populaire émission de télévision *Dallas* et de son héros charismatique, le légendaire dirigeant pétrolier J. R. Ewing. Saloon-discothèque, le J. R. Dallas était l'endroit rêvé pour les 18 à 50 ans, buveurs ou non, friands de musique country et de conversations simples. L'intérieur, de forme carrée, était décoré de selles sur les murs et de roues de chariot accrochées au plafond. Un interminable comptoir rustique faisait toute la longueur de la salle. À gauche, se trouvait la piste de danse, recouverte de sciure de bois qui finissait par se répandre dans toute la salle. La piste était entourée de tables où les gens, pour la plupart âgés de 30 à 40 ans, conversaient bruyamment sans pour autant couvrir la musique du groupe Alabama que crachaient les haut-parleurs. Le comptoir, qui longeait le mur du fond, comprenait une douzaine de tabourets alignés jusqu'à son extrémité. Devant ceux-ci, quelques tables additionnelles, avec chacune quatre ou cinq chaises, complétaient le décor. Cette partie du J. R. Dallas correspondait à la *section des Indiens*.

Enquête du coroner — Contre-interrogatoire : Joyce Wesley

Q. : D'accord. Chez J. R. Dallas, vous disiez être dans la section des Indiens?

R. : Oui.

Q. : Pouvez-vous m'expliquer ce que vous entendez par la section des Indiens?

R. : Eh bien, quand les Amérindiens vont là pour boire, ils se tiennent au fond du bar. C'est là que vont la plupart des Amérindiens, au fond du bar. C'est pourquoi on l'appelle la section des Indiens.

Q. : Je vois. Et les autres se tiennent à l'entrée?

R. : Eh bien, quelques personnes de race blanche vont aussi dans la section des Indiens, oui.

Q. : Bon.

R. : Et à l'autre bar…, c'est-à-dire de l'autre côté…, quelques Amérindiens y vont aussi.

Q. : D'accord. Mais la partie à l'arrière est connue sous le nom de section des Indiens.

R. : Oui.

Q. : Alors, pas mal d'Amérindiens boivent au J. R. Dallas?

R. : Je le pense.

Q. : D'accord. Y êtes-vous allée avant cette fois-là?

R. : À quelques reprises.

La section des Indiens avait de nombreux adeptes parmi les Autochtones qui avaient quitté leur réserve pour s'installer à Ottawa et qui déferlaient dans les restaurants ouverts toute la nuit et les bars de musique country que comptait la ville. Même s'ils ne s'étaient jamais rencontrés auparavant, ne faisaient pas partie de la même tribu ou encore de la même bande à l'intérieur d'une même tribu, ils avaient tôt fait d'entamer la conversation sur la façon dont leur vie se déroulait, sur les nouveaux arrivés en ville, sur la musique que faisait tourner le disc-jockey, surtout si la chanson était l'une de leurs demandes spéciales.

Pratiquement tous les Amérindiens en ville et, aussi certains Inuits, se plaisaient dans l'atmosphère d'un bar country, en raison principalement de la musique. Les paroles explicites des chansons les replongeaient dans le souvenir du coin de pays qu'ils n'avaient pu supporter et les aidaient à surmonter la peine qu'ils éprouvaient à se sentir indésirables dans leur nouveau patelin.

Au J. R. Dallas, la plupart des clients arrivaient et repartaient esseulés, mais le temps qu'ils y passaient, ils étaient en bonne compagnie. En cette veille du jour de l'An, les Autochtones qui s'étaient installés au

J. R. Dallas semblaient s'amuser tellement qu'un groupe de Blancs — *amistickooshoo* — se trouvant à une table de l'autre côté de la salle, vint se joindre à eux, verres en main, pour prendre part aux célébrations.

Il se faisait tard et, pourtant, le J. R. Dallas était toujours bondé. Certains avaient déjà leur manteau sur le dos tandis que d'autres, des femmes pour la plupart, tiraillaient leur compagnon par la manche, essayant de le convaincre d'arrêter de boire. Malgré tous ces efforts, ou toutes ces bonnes intentions, très peu de clients étaient prêts à quitter les lieux.

Minnie, faisant fi de tout signal de fermeture, entra en véritable coup de vent, comme si elle était la propriétaire, distribuant accolades et baisers aux connaissances accoudées près de l'entrée. Elle s'arrêta à plusieurs tables qui entouraient la piste de danse, pour finir par gagner la section des Indiens où elle aperçut trois femmes qu'elle avait connues au centre pour femmes nécessiteuses, appelé The Well. Puis, ce fut au tour d'Evelyn qui, apercevant deux amis, Sean et Fred, alla les rejoindre à leur table. Joyce, ne connaissant que peu de gens au J. R. Dallas, se rendit d'un pas chancelant de l'autre côté de la salle.

Depuis la veille, Joyce était déterminée à profiter au maximum de sa tournée des grands-ducs. Mariée à un travailleur et mère de trois enfants, elle avait rarement l'occasion de sortir, si ce n'était pour jouer au bingo, et limitait ses rapports sociaux aux membres de sa famille. Elle faisait partie d'une famille de 19 enfants, dont 14 étaient toujours vivants. Dans une culture où la famille élargie occupe une place importante dans l'échelle des valeurs, elle devait s'occuper d'un mari, d'enfants, de frères et de sœurs; cela lui laissait très peu de temps ou d'intérêt pour nourrir d'autres relations. Minnie était sa cousine, mais leur seule expérience commune avait été leur vie passée à Kashechewan avec l'eau courante, privilège dont bénéficiait seulement le tiers des familles de la réserve. À l'époque où toutes deux vivaient à Kash, elles se saluaient lorsque, au hasard, elles se croisaient au magasin Northern, et leurs conversations se limitaient aux enfants et au temps qu'il faisait.

Parfois, elles déploraient le prix élevé de la nourriture dans la réserve, comme les fruits et les légumes, alors que boissons gazeuses et croustilles étaient pratiquement données.

En cette veille du jour de l'An, elles avaient autre chose en commun : la rare chance de pouvoir faire une sortie. Joyce avait passé les deux semaines précédentes à chercher une gardienne pour ce soir-là, mais la tâche avait été très ardue, d'autant plus qu'elle n'avait guère les moyens de la rémunérer convenablement. Des jours durant, son mari, Billy, l'avait encouragée à sortir avec l'une de ses sœurs (il y avait longtemps qu'elle n'était pas sortie avec quelqu'un d'autre que lui), mais cette attitude entêtée avait eu pour effet de lui inculquer un sentiment de culpabilité. Billy avait dû se faire particulièrement insistant pour qu'elle sorte et cela l'avait un peu choquée au début parce que, estimait-elle, il avait autant qu'elle le droit de sortir. Mais, depuis un certain temps, elle avait le vague à l'âme et leurs rapports en avaient souffert. Elle finit par se convaincre qu'une soirée sans son mari serait bénéfique à tous les deux.

〇

Lorsque arriva l'heure du dernier service, les trois femmes venaient tout juste de commencer à se détendre et à s'amuser chacune à sa façon. Evelyn demeurait à l'écoute des histoires qu'on racontait autour d'elle, tout en prenant un verre avec Sean et Fred. Joyce, qui dépassait la plupart des clientes du J. R. Dallas, se tenait debout à une table, de l'autre côté de la salle, avec un homme blanc (beaucoup plus court qu'elle) qui insistait pour qu'elle s'assoie sur la chaise qu'il avait empruntée à une autre table expressément pour elle. Pendant ce temps, entourée de sa cour, Minnie buvait une bière avec les femmes du centre The Well et quelques connaissances masculines. Elle disait combien elle aurait aimé assister au feu d'artifice, puis se mit à raconter des blagues comme elle seule savait le faire. C'est alors qu'elle remarqua la présence d'un Asiatique de l'autre côté de la piste de danse. Elle lui lança un sourire qui déclencha aussitôt le fou rire chez ses amis, ce qui l'incita à décrire un fantasme riche en détails dans lequel figurait l'homme qui avait attiré son regard. L'hystérie gagna tous ses amis lorsqu'elle pointa Joyce du doigt, toute titubante, qui semblait sur le point de faire basculer la table où prenait place l'homme avec qui elle parlait.

Déclaration à la police — Joyce Wesley

Elle déclarera que pendant qu'elle était au club J. R. Dallas…
elle avait consommé de l'alcool avec Minnie Sutherland et
d'autres connaissances, et qu'à 3 h 30, quand le bar ferma, elle
partit en compagnie de Minnie Sutherland.

Les bars situés le long de la « strip » et des rues avoisinantes devenaient de plus en plus déserts, et la clientèle avait commencé à déferler
sur les trottoirs et dans les rues. À chaque intersection, se tenaient des
policiers, surtout à la célèbre intersection les « quatre coins », pour faire
circuler les automobiles et empêcher les piétons, par des paroles et des
gestes fermes, de s'attrouper. Les klaxons se faisaient entendre partout,
des scènes de colère éclataient, mais avaient tôt fait de se transformer en
de tendres accolades. On entendait le floc des bottes dans la neige fon-
dante mêlé au bruit sec des talons aiguilles qui atteignaient le béton gris
et mouillé des trottoirs.

℃

Trois étudiants de l'Université d'Ottawa, David Knox, Michel
Filion et Patrick Smith, qui venaient tout juste de quitter Le Pub, un
autre bar près de la « strip », pour se diriger vers la rue Laval, se félici-
taient de l'heureuse décision qu'ils avaient prise de sortir ce soir-là.
L'idée de passer la veille du jour de l'An à la maison et de prendre un
verre entre amis les avait d'abord séduits, mais lorsque les trois s'étaient
retrouvés devant le téléviseur de Patrick, à l'appartement de ce dernier,
en train d'arroser la fin de l'année, ils s'étaient rendu compte qu'il leur
manquait un petit quelque chose.
Le remède contre leur ennui, ils l'avaient trouvé au Pub. À l'instar
du J. R. Dallas, c'était un des endroits les moins prétentieux du coin :
piste de danse comme on en retrouve dans tous les établissements de ce
genre, étage supérieur avec tables de billard, jeux d'arcade et terrasse
extérieure. Et comme partout ailleurs dans le secteur, le bar était, ce
soir-là, plein à craquer.

Enquête du coroner — Témoignage : Michel Filion

R. : … nous avons pris deux bières au bar et il était 3 h 30. Nous avions convenu que le même taxi qui nous y avait conduits nous reprendrait à 3 h 30, promenade du Portage, là où a eu lieu l'accident.

Q. : D'accord.

R. : C'est pour cette raison que nous avons quitté le bar à 2 h 45.

Q. : À quel bar étiez-vous ?

R. : Au Pub, à Hull.

Q. : Y a-t-il un nom spécial pour celui-là ou… ?

R. : Non. Non, c'est un peu plus haut dans la rue, pas très loin de Chez Henri.

Q. : Très bien. Est-ce près du J. R. Dallas ou… ?

R. : Non, non.

Q. : Mais c'est quelque part dans les environs.

R. : Oui, oui.

Q. : Très bien. Et c'est tout ce que vous avez bu ?

R. : Oui.

Q. : Un verre de champagne aux alentours de minuit et deux bières.

R. : Deux bières, oui, en arrivant à Hull.

Q. : De quel format ? Petit ou grand ?

R. : La bière ?

Q. : Oui.

R. : C'était des bières régulières, pas une pinte ou je ne sais quoi. Juste des bières régulières.

Q. : Très bien. Avez-vous pris de la drogue ?

R. : Non, je n'en ai pas pris.

Q. : Très bien. Étiez-vous ivre de quelque façon que ce soit ?

R. : Non, non.

Rendus à l'intersection de la rue Laval, les trois amis se mirent à passer en revue chacun des huit ou dix taxis garés le long de la rue, dans l'espoir de repérer le chauffeur qui les avait conduits ici et qui leur avait promis d'être de retour au même endroit, à 3 h 30. Peut-être, pensèrent-ils, le chauffeur avait-il fait monter un autre client à bord, en direction d'Ottawa, ou encore, avait-il décidé de se conformer au règlement qui interdit aux chauffeurs de taxi d'Ottawa de venir prendre des clients à Hull.

Fatigués et résignés, ils reprirent leur route, tout en étant surpris de voir ce flot interminable de clients sortant des bars, en cet endroit achalandé de la « strip », à l'ouest de la rue Laval. Au moment de traverser celle-ci, ils constatèrent qu'ils étaient entourés de douzaines de personnes à l'intersection, qui ne cessaient de héler frénétiquement les taxis ou suppliaient ceux qui en avaient obtenu un de les laisser monter avec eux. Ayant remarqué la masse de gens qui se trouvaient sur la voie entre le J. R. Dallas et l'immeuble General Trust, ils pressèrent le pas dans l'espoir de trouver un taxi un peu plus loin.

☾

À l'intérieur du J. R. Dallas, un des videurs avait quitté son poste à l'entrée pour se diriger vers la section des Indiens et avait commencé à raccompagner la clientèle vers la sortie. Certaines personnes se levèrent, puis quittèrent l'établissement, et d'autres, comme Evelyn, se dirigèrent vers l'avant, bière à la main.

Minnie avait réussi à attirer l'attention de quelques hommes grâce à ses histoires un peu plus grivoises que les autres. Après avoir ingurgité une bonne gorgée de bière, elle fit signe à ses amies qu'elle allait les suivre. Joyce se trouvait déjà à l'avant du bar, les facultés suffisamment affaiblies pour suivre quiconque autour d'elle donnerait le signal de départ.

Les trois femmes ne savaient pas de quelle façon elles retourneraient à la maison ; si elles partiraient ensemble ou séparément. Elles convinrent que la première qui réussirait à obtenir un taxi, ou à trouver un bon Samaritain, se chargerait de prendre les deux autres avec elle si celles-ci se trouvaient à proximité. Habituées des bars, elles ne s'inquiétaient guère de la manière dont les autres se rendraient à la maison ; elles finiraient de toute façon par y arriver en toute sécurité.

☾

Même si Evelyn semblait être partie la première, c'est Joyce qui réussit avant les autres à gagner le trottoir devant le J. R. Dallas. Après plusieurs heures passées dans un bar enfumé, l'air était bon. Joyce y croisa un ami, Alan Roper, et sa sœur, Lise. Ils l'invitèrent aussitôt à une fête du côté du Québec, mais Joyce leur dit qu'elle préférait rentrer

à la maison. C'est alors qu'elle aperçut Sam près du cinéma placardé, à
côté du J. R. Dallas. Elle se faufila donc parmi un groupe de personnes
qui se déplaçait avec rapidité pour aller lui demander ce qu'il avait fait
après avoir quitté le Zap.

Déclaration à la police — Joyce Wesley

Elle déclarera qu'elle parlait avec des amis, à l'extérieur du
club J. R. Dallas, pendant que sa cousine, Minnie Sutherland,
traversait la promenade du Portage à la recherche d'un taxi ou
de quelqu'un retournant en Ontario.

À l'extérieur du J. R. Dallas, Evelyn décida de se joindre à Sean et à
Fred pour aller siroter un café au Castel, un des deux restaurants situés
près du cinéma placardé. Voyant tant d'autres s'évertuer à trouver un
taxi, elle savait qu'elle ne réussirait pas mieux qu'eux. En plus, ce serait
pour elle une bonne façon de terminer la soirée. Avant de pénétrer dans
le restaurant, elle aperçut Minnie qui quittait le bar et qui se frayait un
chemin parmi une lignée de voitures pour traverser la rue, probablement dans l'intention de héler un taxi. *Bonne chance*, se dit Evelyn.

Deuxième partie
La lune

Chapitre V

Bonne et heureuse année !

*Ils ne cessaient de nous répéter de partir
parce qu'il y avait beaucoup de circulation.
Ils se fichaient bien d'elle. Ils ne l'ont même pas regardée.*
Carole ST-DENIS

À PARTIR de 3 heures, les portes de tous les bars situés le long du secteur le plus achalandé de la « strip », soit entre les rues Eddy et Laval, s'ouvrirent et l'on invita la ribambelle de fêtards fatigués et en état d'ébriété de cette veille du jour de l'An à quitter les lieux. C'est ainsi que des 12 bars du secteur, sortirent près de deux milliers de personnes déferlant dans la rue de façon désordonnée. Elles allaient dans toutes les directions, à la recherche d'un taxi ou de leur voiture garée dans l'un des terrains de stationnement du voisinage.

Les bars se vidaient d'un véritable méli-mélo de jupes étroites, de robes à faux diamants élargissant les postérieurs, de jeunes étudiants bon chic, bon genre, les mains dans les cheveux ou se grattant l'entrejambe, d'hommes dégueulasses qui exhalaient une haleine d'alcool à travers les espaces entre leurs dents.

Tous s'étaient retrouvés dans la rue, sur les trottoirs, partout, de fait là où il y avait un coin d'asphalte ou de béton suffisamment dégagé pour eux. Ils conversaient, chantaient, s'échangeaient des obscénités pour mieux en rire ensuite, puis se rapprochaient les uns des autres pour se garder au chaud. La plupart d'entre eux n'avaient pas souhaité quitter la fête aussi tôt, et une fois à l'extérieur, s'en voulaient d'avoir obéi à la consigne alors que certains de leurs amis s'amusaient encore à l'intérieur. D'autres, morts de fatigue, ne voulaient plus être dans un bar ni même à l'extérieur. Ceux-là allongeaient le cou au-dessus de la foule, dans l'espoir d'apercevoir un taxi libre.

Trois ou quatre douzaines de taxis naviguaient dans le secteur, pilotés par des Libanais ou des ressortissants des Indes orientales, contrariés par l'intense circulation automobile qui diminuait leur chance de profits en cette soirée des plus payantes de l'année. Le regard braqué devant eux, une main au volant, l'autre prête à klaxonner, ils cherchaient à se rendre au bout de la « strip » le plus rapidement possible. Ils savaient qu'une fois là, il leur serait possible d'augmenter la vitesse et de reprendre le temps perdu sur les parcours conduisant vers les banlieues, ou même à Ottawa. Après s'être empressés de conduire leurs clients à destination, ils reviendraient en prendre d'autres. À cette heure du matin, il n'y avait habituellement jamais assez de taxis. C'est donc dire qu'au jour de l'An, les traînards auraient fort à faire pour en trouver un avant l'aube.

☾

Avec tous ces gens, toutes ces lumières et tout ce bruit, la « strip » avait pris des allures carnavalesques et, à la fameuse intersection de la rue Laval, on se serait cru à l'heure de pointe. Les policiers s'affairaient aux quatre coins de l'intersection, que de grands lampadaires éclairaient d'une lueur blafarde, tandis que d'autres se tenaient sur le terre-plein, côté rue Laval, au sud de la « strip ». Leur rôle se limitait à faire en sorte que les voitures continuent à circuler lentement et à freiner les élans de quiconque avait brusquement l'idée de faire une balade couché sur le capot d'une voiture ou encore de s'étendre de tout son long en plein milieu de la rue.

Enquête du coroner — Témoignage :
Agent Denis Régimbald, police de Hull

Q. : Peut-être pourriez-vous simplement nous donner quelques détails sur les problèmes auxquels vous êtes confronté en tant que policier, quand vient l'heure de la fermeture des bars à Hull.

R. : Eh bien, disons qu'à l'heure de fermeture des bars, il y a beaucoup de gens qui crient sur les trottoirs et dans la rue. C'est une ambiance… une ambiance plutôt spéciale.

Q. : D'accord. En général, est-ce seulement une ambiance ou bien avez-vous un problème en tant que policier à bénéficier du respect des gens qui sortent des bars, ou êtes-vous constamment en conflit avec eux ?

R. : Il n'y a aucun conflit.

Q. : Corrigez-moi si j'ai tort, mais j'avais l'impression que, en tant que policier, vous aviez souvent des moments difficiles avec quelques jeunes à leur sortie des bars.

R. : C'est normal du fait qu'il y a toutes sortes de personnes ; il y a beaucoup de gens et certains d'entre eux sont agressifs et ont moins d'inhibitions.

À l'ouest de la rue Laval, soit la section la plus achalandée de la « strip », cette soirée de célébrations ne différait guère d'un vendredi ou samedi soir quelconque. En fait, à l'extérieur du J. R. Dallas, où s'étaient massées des centaines de gens, la forte congestion d'une rue et d'un secteur, qui par ailleurs avaient toujours été trop petits, était le seul signe d'une activité plus fébrile qu'à l'accoutumée.

L'hiver avait toujours le don de compliquer les choses. À la troisième ou quatrième bordée de neige, l'intense circulation piétonnière avait pour effet de déplacer les bancs de neige vers la rue, ce qui éliminait d'office la deuxième voie de circulation. Les chasse-neige avaient beau effectuer leur travail une fois par semaine, les bancs de neige n'en devenaient que plus gros et, au fur et à mesure que la saison progressait, plus glacés.

À l'est de la rue Laval, une bagarre avait éclaté et sans tarder, une voiture de police arriva sur les lieux. Les policiers se précipitèrent hors du véhicule et prirent tout de suite les mesures nécessaires pour éviter que les gens finissent par s'attrouper autour des bagarreurs, ce qui risquait alors de dégénérer en véritable cohue. Quelques instants plus tard, une ambulance se présenta, et un groupe de personnes qui se dirigeait vers l'ouest fit soudain demi-tour pour venir voir si quelqu'un était blessé. Avant qu'il y ait foule, une seconde voiture de police arriva et les deux agents entreprirent aussitôt de disperser les gens. En quelques minutes, la circulation piétonnière avait repris son cours et l'ambulance s'éloigna, vide.

Pendant les fins de semaine, les ambulances dépêchées dans le secteur entre minuit et 4 heures repartaient habituellement vides. Une mâchoire fracturée, un couteau planté dans le bras ou la jambe ont certes de quoi effrayer de prime abord, et les policiers sont dans l'obligation de faire venir une ambulance. Toutefois, leurs craintes disparaissent rapidement en constatant qu'il ne s'agit pas de gangs rivaux, mais plutôt de deux comparses en état d'ébriété avancé se disputant les faveurs d'une fille. Règle générale, les gens concernés et leurs amis ne veulent pas avoir affaire à la police, ce qui s'avère plutôt difficile en ambulance.

Carole St-Denis et Lorraine DeGrace, deux infirmières de l'Hôpital général d'Ottawa, se trouvaient dans la « strip », à bord de la Pontiac 1980 de Carole qui roulait lentement vers l'ouest. Elles avaient fêté la veille du jour de l'An Chez Henri et se retrouvaient maintenant coincées dans un embouteillage monstre, en direction de la rue Eddy.

Arrivée à la fameuse intersection, la Pontiac s'immobilisa, comme il se doit, et Carole attendit son tour pour traverser, puis reprit de la vitesse. Lorraine s'étonna alors de voir autant de monde dans la rue à 3 h 30. Elle remarqua qu'il y avait beaucoup de circulation sur les trottoirs, à un point tel que certaines personnes étaient parfois contraintes de grimper sur un banc de neige pour poursuivre leur route.

Tout à coup, les deux femmes entendirent un bruit du côté du conducteur. Carole pensa qu'un véhicule avait embouti l'arrière du sien et, regardant dans son rétroviseur de gauche, elle aperçut une personne assise en plein milieu de la rue, près du véhicule. Lorsque Lorraine se pencha du côté de la conductrice pour voir ce qui se passait, la femme au manteau brun et à la grosse tuque de laine était déjà à la renverse.

La foule était si nombreuse que peu de gens remarquèrent la femme qui s'était précipitée au milieu de la circulation et qui était maintenant couchée sur le dos, près de la Pontiac bleue. Les seuls véritables témoins de l'incident se trouvaient en face du J. R. Dallas ou du cinéma. Un peu plus loin, d'autres gens avaient certes entendu un bruit sourd, mais à cette heure avancée, qui aurait pu dire quelle en était la cause ? Une quinzaine de personnes, qui se trouvaient à proximité, s'arrêtèrent pour voir ce qui se passait. Pendant un instant, la femme demeura immobile, puis elle bougea peu à peu ses bras et ses jambes. Sa tête reposait sur la chaussée, alors que la neige mouillée trempait graduellement sa tuque de laine.

Au moment même de l'incident, Patrick Smith, David Knox et Michel Filion — les trois étudiants qui, une demi-heure plus tôt, avaient quitté Le Pub à la recherche d'un taxi — étaient à l'angle nord-ouest de l'intersection Laval. Quelques instants auparavant, Michel s'était amusé en voyant cette femme trapue tituber sur le trottoir, dévaler un banc de neige pour atterrir dans la rue, puis se relever pour la traverser.

C'est là qu'ils entendirent eux aussi le bruit sourd. David s'écria : « Hé ! quelqu'un vient de se faire frapper ! » Il s'élança aussitôt, suivi des autres, et parvint à la hauteur d'une voiture de modèle récent près de laquelle un corps gisait sur le sol ; les deux occupantes étaient déjà hors du véhicule.

Un homme bondit de la foule sur le trottoir, à l'extérieur du J. R. Dallas, ce qui permit à Joyce Wesley de voir la scène de l'incident. Éprouvant des problèmes d'« équilibre », elle n'était guère en mesure de se concentrer sur un divertissement ou une bagarre. Toutefois, le regard de l'étranger qui s'était précipité hors de la foule, tout comme l'affolement de Michel Filion, venu on ne sait d'où, les bras agités et s'écriant : « Ne la déplacez pas, elle vient d'être heurtée par une voiture ! », ne lui laissaient aucun doute : il s'était passé quelque chose. Joyce s'avança pour mieux voir et aperçut deux femmes accroupies près d'un corps étendu dans la rue. La grosse tuque de laine lui parut familière, mais comme la personne ne portait pas de lunettes, elle n'imagina pas une seconde qu'il s'agissait de Minnie.

Carole St-Denis procéda alors à un bref examen neurologique de Minnie pendant que Lorraine DeGrace s'occupait de son pouls. Carole ouvrit les yeux de Minnie pour vérifier ses pupilles, et voyant les points blancs, s'écria : « Seigneur Dieu, Lorraine, elle est aveugle ! » Prenant la main de Minnie, elle lui demanda de serrer la sienne. Minnie s'exécuta et bougea également ses jambes.

Carole releva la tête et aperçut devant elle une Autochtone de grande taille qui ne cessait de crier : « Minnie ! Minnie ! Minnie ! » Elle était sur le point de lui demander si elle était une amie de la victime, mais son attention fut aussitôt détournée par un tumulte un peu plus loin.

Enquête du coroner — Témoignage : Carole St-Denis

R. : (Par la voix d'un interprète) […] Et il y avait là un gars complètement paniqué, sautant continuellement et répétant sans cesse : « Appelez une ambulance, appelez une ambulance, appelez une ambulance. »

Q. : Très bien.

R. : Cela se passait pendant que Lorraine l'examinait. « C'est correct, nous sommes des infirmières. Allez téléphoner aux ambulanciers, nous restons avec elle. » Puis il est parti, il était censé être allé appeler pour faire venir une ambulance.

À la vue de la circulation qui s'était arrêtée soudainement, deux jeunes policiers, qui avaient la responsabilité de ce secteur, immobilisèrent leur fourgonnette pour en sortir. Tout en tenant des propos apaisants, ils se frayèrent un chemin jusqu'au centre de toute cette effervescence et aperçurent une Autochtone couchée sur le dos, une autre Autochtone penchée sur elle et deux femmes à genoux, tout près. Trois jeunes hommes, debout sur le trottoir, conversaient entre eux. L'un d'eux quitta le groupe, en criant qu'il allait composer le 911. Des deux autres, le premier ne cessait de bouger, piétinant la neige et agitant les bras, tandis que le second, le regard plein d'inquiétude, surveillait la victime et attendait soit le diagnostic, soit des instructions de la part de celles qui s'en occupaient, tout en essayant de calmer son ami.

Enquête du coroner — Témoignage : Michel Filion

R. : Les policiers sont sortis de leur fourgonnette et ils n'ont pas vraiment demandé ce qui se passait et j'ai dit en anglais : « *She just got hit by a car* », et voyant qu'ils étaient francophones, j'ai dit : « Elle s'est fait frapper par une auto, *she got hit by the car* » ; et ils n'ont pas réagi, ils n'ont pas fait le lien, ils n'ont rien fait ; ils ont eu un bref entretien avec les infirmières et après, ils ont dit : « Il faut dégager, dégager la circulation » et ils m'ont regardé et ont dit : « Allez-vous-en, circulez, circulez. » Alors j'ai dit : « Hé! les gars », j'ai dit : « Elle vient de… », « Elle s'est fait frapper par une auto, *she got hit by the car…* »

La circulation s'était immobilisée dans les deux sens. Du côté nord de la rue, aucun automobiliste ne pouvait dépasser la voiture de Carole, qui se trouvait en plein milieu de la voie. Dans le sens inverse, les automobiles ne pouvaient circuler à cause de l'embouteillage à l'intersection aux « quatre coins » et, surtout, en raison de la curiosité des gens arrivés à la hauteur des lieux de l'incident.

Il y avait maintenant de plus en plus de curieux des deux côtés de la rue. Quelques automobilistes, près de la Pontiac, quittèrent leur véhicule, soit pour prêter assistance, soit pour voir ce qui se passait.

Quelques secondes après leur arrivée, les policiers Denis Régimbald et Guy Vincent surveillaient la situation d'un œil inquiet. En quelques minutes, de cinq ou six personnes qui entouraient les femmes dans la rue, le groupe était passé à 20, puis à 50 curieux. De partout, des spectateurs intéressés se manifestaient : des bars, où les videurs avaient quitté leur poste, des fenêtres des appartements situés au-dessus des clubs et des restaurants, des voitures qui klaxonnaient sans arrêt. De partout, les yeux étaient rivés sur le tronçon de la « strip » situé juste en face du J. R. Dallas. Ceux qui ne pouvaient voir ce qui se passait n'avaient qu'à écouter Michel Filion crier, d'abord en français, « Elle s'est fait frapper par une auto! », puis en anglais, « *She's just been hit by a car!* »

Les agents de police avaient beau faire remarquer à Michel que c'était à eux de s'occuper de tout cela, ce dernier n'en démordait pas : la femme étendue dans la rue avait été heurtée par une voiture. L'ami de Michel, Patrick Smith, intervint et avisa poliment les policiers que la femme avait bel et bien été happée par une voiture et qu'elle ne devait pas être déplacée avant l'arrivée d'une ambulance. Les policiers demeurèrent de glace. « *Let's keep moving,* circulez. » Ce fut là leur seule réaction.

Mais Michel devenait de plus en plus insistant, et les tentatives de Patrick pour le calmer le rendirent encore plus furieux. L'agent Vincent se pencha sur Minnie pendant que l'agent Régimbald amena Michel jusqu'au trottoir, question d'assurer une certaine discrétion. Pendant ce temps, l'officier Vincent demanda, à la cantonade, si quelqu'un connaissait cette femme, sachant très bien que celle qui ne cessait de crier « Minnie, Minnie, Minnie », la connaissait sûrement.

Enquête du coroner — Témoignage : Guy Vincent

R. : Quand je me suis accroupi près de Joyce, je lui ai alors demandé ce qui se passait, si la personne étendue par terre était malade et si elle avait besoin d'une ambulance. Elle m'a répondu non, qu'elle avait juste un peu trop bu, qu'elle était tombée, ce qui lui arrivait fréquemment quand elle avait pris un coup.

Q. : En avez-vous parlé dans votre rapport ?

R. : Dans mon rapport, j'ai écrit qu'elle m'avait dit qu'elle était avec elle, qu'elle avait bu et qu'elle était tombée.

Q. : D'accord. Mais avez-vous dit dans votre rapport que ça lui arrivait souvent ?

R. : Non.

Q. : D'accord. Pourquoi ?

R. : Ce sont des choses… quand j'ai écrit mon rapport huit jours plus tard, j'ai écrit ce dont je me rappelais en général, comme étant les faits de la déposition.

Q. : D'accord. Parce que Joyce Wesley nous a aussi dit, même si elle admet ne pas se rappeler exactement ce qui s'est passé pendant la nuit en question, elle maintient cependant qu'elle n'avait jamais vu Minnie ivre auparavant et qu'elle n'avait jamais bu avec elle avant ce soir-là.

En position accroupie près de Minnie et ayant temporairement retrouvé ses sens, Joyce ne cessait de demander à sa cousine comment elle se sentait. Minnie disait se sentir bien et fit même un effort pour se relever. Elle souleva la tête, puis la laissa retomber doucement, avec l'aide de Joyce. Carole et Lorraine demeuraient attentionnées, lui prenaient le pouls et posaient des questions auxquelles elle répondait toujours : « Je me sens bien. » L'agent Vincent essaya de faire asseoir Minnie, et Michel Filion réitéra alors avec véhémence qu'elle ne devait pas être déplacée.

C'en fut trop pour l'agent Régimbald qui, en français, lui ordonna de quitter les lieux : « Va-t'en ! », lui répéta-t-il à plusieurs reprises et de plus en plus fort. Patrick saisit Michel par le bras et l'entraîna jusqu'au trottoir, le suppliant de se calmer avant que les policiers ne les mettent en état d'arrestation. C'est alors que l'agent Régimbald aida son partenaire à faire asseoir Minnie. Malgré ce que venait de lui dire le policier et en dépit des supplications de son ami, Michel reprit son discours, cette fois avec le concours de Carole St-Denis.

Carole était outrée. Ne sachant toujours pas exactement ce qui s'était passé, elle savait que quelque chose clochait. Elle s'interrogeait sur l'indifférence des policiers alors que quelqu'un venait d'être blessé. Celle qu'on appelait « Minnie » s'était-elle heurtée contre le véhicule ou était-ce le véhicule qui l'avait frappée ? Minnie était-elle vraiment bien ou souffrait-elle de lésions internes ? Où était l'ambulance que l'anglophone était censé avoir demandée ?

Enfin, lorsque l'un des agents demanda à Carole pour la troisième fois si la voiture était la sienne, elle lui lança sur un ton décidé : « Écoutez-moi bien. Nous voulons nous assurer de son état de santé avant de quitter les lieux », précisant que Lorraine et elle étaient des infirmières. Cette précision ne produisit guère d'effet sur l'agent, qui répliqua d'un ton ferme : « Pour la dernière fois, je vous dis de partir avec votre voiture. »

Carole interrogea Lorraine du regard, mais celle-ci était tout aussi perplexe. Mais que se passait-il exactement ? Les policiers savaient-ils quelque chose qu'elles-mêmes ignoraient ? Peut-être une ambulance était-elle en route, et les policiers voulaient-ils qu'elle déplace son automobile parce qu'elle bloquait la circulation ? Après tout, n'étaient-ils pas des policiers ? C'était peut-être la bonne procédure à suivre dans les circonstances.

Lorraine avait le sentiment que les policiers connaissaient Minnie. Non pas qu'ils étaient arrivés sur les lieux de l'incident, l'air de dire : « *C'est encore elle !* » Non, la chose n'était pas aussi évidente. C'était juste un sentiment qu'elle avait. Elle se confia plus tard à Carole à ce sujet et les deux femmes convinrent que c'était probablement le cas.

Maintenant assise, Minnie affichait un air quelque peu désorienté et semblait chercher quelque chose dans la neige. Carole la fixait des yeux afin de relever un indice de la gravité de ses blessures, si tel était le cas. Joyce baragouina le mot lunettes, ce qui incita Lorraine à fouiller dans la gadoue. Patrick était sur le trottoir, près de Michel, et les deux hommes continuaient de regarder au-delà des nombreux curieux, dans l'espoir d'obtenir de David Knox un signe quelconque indiquant qu'une ambulance était en route.

Les deux policiers se dirigèrent vers leur fourgonnette pour converser brièvement, puis revinrent répéter à Carole de déplacer son automobile. Ils ne comprenaient pas cette réaction qui leur semblait excessive, alors qu'il s'agissait simplement d'une femme en état d'ébriété qui avait perdu pied sur la surface glacée et était tombée ou s'était heurtée contre une automobile qui ne roulait certainement pas à grande vitesse, compte tenu de la dense circulation. Ils demandèrent alors à Joyce si elle et Minnie voulaient un taxi.

Joyce posa la question à Minnie et sans attendre de réponse, fit signe que oui. L'agent Régimbald se dirigea vers la fourgonnette pour faire l'appel et, à son retour, David Knox était revenu, essoufflé, annonçant que la Ville de Hull n'avait pas encore le service 911. De nouveau, les policiers enjoignirent à Carole de déplacer son automobile. Cette fois-ci, elle obéit et, ce faisant, se demanda pourquoi les policiers n'avaient pas noté leurs noms ou leurs numéros de permis de conduire.

Enquête du coroner — Témoignage : Joyce Wesley

R. : C'était quand les deux policiers l'ont saisie et l'ont emmenée jusqu'au banc de neige… qu'ils l'ont traînée vers le banc de neige. Avant que les policiers fassent cela, je cherchais les lunettes et le sac de Minnie. Elle n'avait pas ses lunettes et je ne savais pas où était son sac, mais quand les policiers l'ont saisie, j'ai aperçu son sac à main et ses lunettes sous elle. C'est là que je les ai ramassés, et ils ont traîné Minnie jusqu'au banc de neige.

Les gens étaient stupéfaits de voir les policiers déplacer Minnie vers le trottoir, de les voir la soulever par les épaules pour l'emmener vers le bord de la rue et la déposer sur la neige. Ceux qui étaient plus près aperçurent les policiers empoigner Minnie par le manteau, de chaque côté de ses épaules, et la traîner dans la gadoue, les bras pendants, les pieds cognant le pavé, la tête dodelinante. Ils la laissèrent tomber sur le banc de neige en face du J. R. Dallas, soit au même endroit où était Minnie lorsqu'elle s'était mise en quête d'un taxi quelques minutes auparavant.

Arrivée à la hauteur de l'attroupement, une voiture éclaboussa les curieux, ce qui permit finalement de briser le silence « religieux » qu'ils observaient. C'est Michel qui parla le premier, pour décrier l'injustice commise par les policiers, qui n'avaient pas fait venir une ambulance, qui avaient déplacé une femme qui venait d'être heurtée par une voiture et qui avaient laissé la conductrice impliquée quitter les lieux de l'accident.

Du ton le plus raisonnable qu'il put prendre, il demanda aux policiers : « Que faites-vous ? Je vous avais dit de ne pas la déplacer. »

Le pointant du doigt, l'un des policiers l'intima de ne pas s'adresser à lui ainsi. Michel, de nouveau en colère, les défia ; les deux policiers en firent peu de cas et se dirigèrent vers leur fourgonnette.

Joyce, qui avait ramassé les effets de Minnie, nettoya le sac à main et essuya les lunettes. David et Patrick s'approchèrent pour l'aider. David demanda à Minnie si elle désirait une ambulance et celle-ci, après avoir répondu non, essaya de se lever. Il offrit aux deux femmes de les aider à se rendre dans un restaurant pour se réchauffer et s'éloigner de la foule de curieux. Les deux policiers, qui surprirent la conversation, se retournèrent et demandèrent à Joyce si elle désirait toujours un taxi. Elle regarda d'abord Minnie, toujours aussi désorientée mais déterminée à se lever, puis l'agent Régimbald qui attendait impatiemment sa réponse. L'offre de David semblait plus alléchante.

Appel au poste de police de Hull
(Extrait de l'enregistrement)

– 25 à 46.
– Oui, j'écoute.
– Annulez le taxi maintenant ; la squaw a décidé autrement.

Chapitre VI

Décisions et délibérations

*Certaines personnes qui fréquentaient
le centre The Well se distinguaient des autres,
mais ce n'était certainement pas le cas de Minnie.
De fait, tout ce qu'elle désirait, je crois bien,
c'était de passer inaperçue, surtout en présence des Blancs.*
Karen IRVING
Travailleuse sociale au centre The Well

Dès que les agents Régimbald et Vincent du service de police de Hull retournèrent à leur fourgonnette, la foule commença à se disperser. C'était comme si les gens attendaient le signal que tout était revenu à la normale avant de reprendre leur souhait de bons vœux et de poursuivre leur route.

En quelques minutes, l'incident n'avait plus aucun intérêt pour la foule, qui avait recommencé à circuler. Patrick Smith était toujours là, ainsi que Michel Filion, tous deux furieux contre l'indifférence des gens et pas du tout convaincus que la situation était maîtrisée du seul fait que deux policiers irresponsables l'avaient affirmé.

Maintenant que la foule était dispersée, David Knox, promenait son regard, à la recherche d'une solution quelconque. Du coin de l'œil, il pouvait apercevoir Joyce, penchée sur Minnie, répétant son nom et la tirant par la manche, honteusement, comme si l'autre s'était évanouie sur une piste de danse. Elle tenta de la faire asseoir, mais en vain. Minnie finissait par retomber, d'un côté puis de l'autre.

David entendit les portes de la fourgonnette des policiers s'ouvrir, puis se refermer. Il fouilla ses poches de manteau à la recherche d'un stylo puis, constatant qu'il n'en avait pas, s'adressa à un groupe de curieux.

Joyce essayait maintenant de faire lever Minnie, mais malgré tous ses efforts, ne parvenait pas à déplacer la masse inerte de quelque 120 livres.

David, qui venait tout juste de griffonner le numéro de la fourgonnette, aperçut Joyce qui perdait l'équilibre et, ce faisant, relâchait Minnie. Il glissa le bout de papier et le stylo dans son manteau, puis enjamba le banc de neige pour aller aider Joyce en poussant dans le dos de Minnie. Patrick allait se joindre à eux, mais il aperçut Michel qui redoublait de colère en voyant les policiers quitter les lieux. Se précipitant vers ce dernier, il arriva juste à temps pour rabattre les poings menaçants que Michel brandissait et pour endiguer le torrent d'insultes qu'il vociférait aux policiers sur la façon dont ils avaient traité l'incident et des suites qu'il y donnerait.

Plus inquiets qu'en colère, Joyce et David tournaient en rond, l'âme en peine, lorsqu'ils furent rejoints par Patrick et Michel. Pour fuir un instant la foule de curieux, ils se blottirent les uns contre les autres, puis tentèrent de remettre Minnie debout.

Son poids maintenant réparti entre quatre personnes, Minnie fut transportée, les pieds traînant dans la neige. Ils passèrent sous l'enseigne éteinte du cinéma Cartier et, à la hauteur du restaurant Castel, regardèrent par la fenêtre. Comme l'endroit était bondé, ils décidèrent de poursuivre leur route. Ils se dirigèrent donc vers l'est, en direction de la fameuse intersection, et s'arrêtèrent en face du Mexi-Go.

Willy Eyamie, propriétaire du Castel, et José Flores, propriétaire du Mexi-Go, ne prêtaient pas attention aux passants qui déambulaient à l'extérieur de leur restaurant, entre 3 heures et 4 heures, les samedis et les dimanches matin. En ce début de nouvelle année, même si les bagarres et autres incidents du genre se faisaient plus nombreux, rares étaient les fois où ces incidents réussissaient à captiver le personnel tout attentionné avec les clients réguliers à l'intérieur. En conséquence, les deux propriétaires, qui étaient de service ce matin-là, ne remarquèrent pas l'agitation à l'extérieur. D'ailleurs, M. Flores ne se rappelle pas avoir vu pénétrer dans son restaurant un groupe composé de deux femmes autochtones, l'une servant d'appui à l'autre, et de trois hommes blancs dans la vingtaine. De par sa composition ethnique et son état d'esprit, ce groupe n'était guère différent de celui qui venait tout juste de quitter l'établissement. À cette heure du matin, on frayait sans discernement avec toutes sortes de gens.

Les cinq pénétrèrent donc dans le Mexi-Go, Minnie soutenue par David et Joyce. Michel en tête, le groupe passa lentement mais fébrilement devant la caisse, puis franchit l'interminable rangée de tabourets alignés le long du comptoir. Ils débouchèrent finalement sur une salle meublée d'une douzaine de tables de bois, entourées de chaises trop nombreuses et auxquelles il manquait souvent des barreaux. Près du mur à l'arrière, Patrick repéra une table libre qui n'avait pas encore été nettoyée. Il fit signe à une serveuse de la leur réserver.

Il n'y avait que quatre chaises, de telle sorte que Patrick en déroba une à la table voisine. Au lieu de s'asseoir, il s'agenouilla devant Minnie que Joyce et David venaient de déposer sur une chaise. Michel ne s'assit pas lui non plus. Bouleversé, il se tint à l'écart, et tenta de rassembler ses esprits. Debout près du comptoir, il explora le restaurant du regard, puis se concentra de nouveau sur Minnie. *S'il n'avait pas été témoin de l'incident, il aurait juré que Minnie avait l'air de n'importe quel ivrogne présent dans cette salle.*

Il ne cessait de hocher la tête pendant que Patrick, tenant la main de Minnie, s'informait continuellement de son état. Pour toute réponse, il obtenait un indescriptible « Er-r-r-r-r, er-r-r-r-r, er-r-r-r-r ».

La serveuse vint enfin les servir et David commanda du café, mais seulement pour Joyce et Minnie.

Enquête du coroner — Témoignage : Patrick Smith

R. : ... Et nous avons fait asseoir Minnie, nous lui avons parlé et elle semblait un peu plus cohérente. Elle ne pouvait certainement pas articuler avec... vous savez... jusqu'à un certain degré d'aisance mais... après quelques essais, Dave a pu obtenir d'elle son numéro de téléphone et a tenté d'avoir aussi son adresse ; et nous avons eu le numéro de téléphone de Joyce et son adresse, puis nous avons dit..., nous avons parlé avec elles quelques instants. Il y avait beaucoup de monde et nous leur avons encore parlé un peu et nous avons dit à Joyce : « Assurez-vous de lui obtenir une ambulance. »

Michel, David et Patrick arrivaient difficilement à se calmer. Ils parlèrent peu, mais tous étaient d'avis qu'une décision de vie ou de mort s'imposait. Chacun était aux prises avec son incapacité de faire disparaître ce cauchemar. David avait essayé d'obtenir de l'aide mais, comme il l'avait dit, ce n'était pas de sa faute si la Ville de Hull n'avait pas de service 911. Michel avait bien tenté de sensibiliser les policiers à leurs responsabilités, mais n'avait réussi qu'à provoquer leur colère et, ce faisant, à se couvrir de ridicule. Patrick, pour sa part, avait conservé son calme pendant toute l'épreuve, mais sentait bien que le cauchemar n'était pas terminé, qu'il l'avait tout simplement intériorisé. Tous s'entendaient sur un point cependant : *maintenant au chaud et assise devant une tasse de café, Minnie avait repris du mieux.*

Enquête du coroner — Témoignage : Michel Filion

Q. : Très bien, mais au restaurant, il n'y a pas eu d'autres tentatives pour faire venir une ambulance quand vous y êtes entrés ?

R. : Il n'y a pas eu d'autres tentatives, car après avoir vu ce que les policiers avaient fait... ce qu'ils lui avaient fait, nous avons dit : « Ah ! mon Dieu ! » Elle doit être correcte, ou quelque chose comme ça ; et puis nous étions... j'étais tellement secoué par ce qui était arrivé, je pensais que les policiers étaient là d'abord pour nous protéger et que si vous demandiez à un policier de faire venir une ambulance, il devait le faire.

Q. : D'accord. Très bien. Mais, encore une fois, pour être juste avec tout le monde, vous n'avez pas fait venir d'ambulance non plus...

R. : Non, je ne l'ai pas fait.

Les étudiants discutèrent de nouveau de ce qu'il y avait à faire et cette fois convinrent que Minnie était probablement plus ébranlée par l'accident que blessée. Elle semblait moins confuse et parvenait, malgré l'absence de réaction, à fixer du regard son interlocuteur. De plus, il n'y avait aucun signe de blessure, et Minnie réussit même à balbutier quelques mots.

Croyant intuitivement que Minnie s'en tirerait d'une manière ou d'une autre et désireux de mettre un terme à l'incident, Patrick laissa échapper un commentaire sur la possibilité pour Minnie et Joyce d'engager une poursuite contre la police de Hull. Minnie répondit par un autre « Er-r-r-r-r », puis marmonna quelque chose comme « Laissez faire l'argent ». Toujours à genoux devant Minnie, Patrick répéta, avant de se relever, le numéro de téléphone que Joyce lui avait donné et lui assura que l'un d'eux communiquerait avec elle pour s'informer de l'état de Minnie.

Enquête du coroner — Contre-interrogatoire : Michel Filion

R. : ... en partant, nous avons dit à Joyce : « Allez-vous faire venir une ambulance, Joyce ? » et elle m'a répondu : « Oui. » Puis j'ai dit qu'on allait laisser Joyce s'en occuper, c'est son amie et elle va en prendre soin. Elle a dit : « C'est ma cousine, je vais prendre soin d'elle », et c'est alors qu'elle a décidé de partir, ou que nous sommes partis.

Les trois étudiants n'étaient restés dans le restaurant que 10 minutes, mais au contact de l'air frais du matin, il leur sembla avoir été claquemurés dans cet endroit enfumé des heures durant. La dernière demi-heure était pour eux confuse. Après s'être d'abord félicités d'être venus à Hull plutôt que d'être restés à la maison bien au chaud, ils se dégrisèrent rapidement dans la foulée de cet incident pour le moins ahurissant.

Il était maintenant passé 4 heures et ils n'eurent aucune difficulté à trouver un taxi. Sur le chemin du retour, ils parlèrent de l'incident, répétèrent leur indignation devant la réaction des policiers et réussirent à se convaincre que Minnie n'avait subi aucune blessure sérieuse.

Une fois rendus dans leur appartement, ils continuèrent d'en discuter pendant au moins deux heures. Au moment de se mettre au lit, Patrick promit à ses amis qu'il téléphonerait à Joyce.

Enquête du coroner — Témoignage : Joyce Wesley

R. : ... j'ai dit à Minnie : « Je vais appeler une ambulance » ; elle m'a répondu qu'elle allait bien et après cela je ne savais pas quoi faire ; elle a ajouté qu'elle devait aller aux toilettes pour vomir. Je l'ai donc aidée à se rendre aux toilettes en lui disant : « Minnie, je vais t'attendre à l'extérieur », car quand je vois quelqu'un vomir, j'ai moi-même envie de vomir, et elle a dit, d'accord. Je suis retournée à ma place et je l'ai attendue. Elle est montée, elle est sortie, et je l'ai rencontrée à mi-chemin et je l'ai aidée à se rasseoir ; j'ai continué à lui demander si elle se sentait bien et elle m'a dit, oui.

Le groupe des cinq n'était pas passé inaperçu pour tout le monde au Mexi-Go. En fait, trois Somaliens assis tout près n'avaient rien manqué des mouvements de Joyce. Abdi Ibrahim, 22 ans, nouvellement arrivé au Canada, ainsi que deux de ses amis, Mohammed et Abraham, n'avaient eu aucune chance avec les femmes ce soir-là au Zinc, un bar dansant situé un peu plus loin que le J. R. Dallas. Ils quittèrent le bar tout juste avant le dernier service dans l'espoir d'obtenir une table au Castel, mais en vain. Ils optèrent pour le Mexi-Go.

Les trois hommes y étaient arrivés quelques minutes avant Minnie, Joyce et les trois étudiants. Ils s'étaient amusés de voir Minnie et Joyce s'écraser sur une chaise, comme si on les avait lancées depuis un chariot à bagages. Dès son entrée, Joyce, la plus grande des deux femmes, avait capté leur regard en raison de ses longs cheveux noirs ondoyant à chaque enjambée, puis des mouvements de son long corps alors qu'elle essayait de dessaouler son amie.

Joyce avait senti l'intérêt qu'elle suscitait chez eux, elle était habituée à provoquer ce genre d'attention, mais n'était pas du tout intéressée ce matin-là à flirter avec des hommes, ni à accepter une offre de consommation, ou quoi que ce soit. Pas pour l'instant du moins. Minnie, qui avait peine à s'asseoir et qui était sur le point de s'endormir, occupait toutes ses pensées.

Enquête du coroner — Témoignage : Abdi Ibrahim

Q. : Maintenant, pouvez-vous nous dire comment vous et vos amis avez rencontré ces deux femmes au restaurant à Hull ?

R. : En fait, en sortant du club, nous sommes allés directement au restaurant avec l'intention de boire deux ou trois bières. C'est là que nous les avons rencontrées, en fait.

Q. : D'accord. Et comment les avez-vous abordées ?

R. : Vous voyez, en fait, je ne suis pas celui qui leur a demandé si elles voulaient se faire conduire. Des deux autres gars qui étaient avec moi, l'un d'eux leur a demandé s'il pouvait les conduire chez elles…

C'est Mohammed qui se présenta le premier. Question de briser la glace avec Joyce, il fit semblant de s'intéresser à l'état de la personne écrasée sur la chaise près d'elle. Tout à son avance, il ne remarqua pas le peu d'intérêt qu'il suscitait chez Joyce.

Qu'il foute le camp, se disait Joyce, alors qu'elle faisait tout en son pouvoir pour paraître sobre et empêcher Minnie de s'écraser sur le plancher, sans quoi le propriétaire aurait tôt fait de les expulser.

Tout à coup, Minnie bredouilla qu'elle avait de nouveau envie de vomir. En voyant Joyce se lever pour accompagner son amie, Mohammed retourna à sa table. Après avoir installé Minnie devant la cuvette, Joyce ressortit et se mit à marcher nerveusement de long en large.

Enquête du coroner — Témoignage : Joyce Wesley

R. : Et je me suis levée et quand j'ai vu la porte, la porte des toilettes s'ouvrir, elle est sortie et elle a failli tomber, mais je l'ai attrapée et je l'ai aidée à revenir à sa place. En revenant à notre place, un autre Noir est venu nous rejoindre. Il portait un manteau de tweed noir et il voulait nous draguer ; il venait, en faisant des courbettes, en disant…, il m'a dit qu'il pouvait me donner tout ce que je voulais, mais comme je me contentais simplement de le regarder, il a dit : « Pourquoi n'allons-nous pas chez moi boire une ou deux bières et ton amie pourra dormir là ? »

Joyce en avait assez des avances non sollicitées de ces étrangers. En d'autres circonstances, elle aurait pu accepter de prendre un verre ou d'entamer une conversation avec eux mais, en cet instant, elle pensait uniquement à ce qu'elle devait faire pour son amie Minnie. Il était trop tard pour téléphoner à son mari, Billy, et pour lui demander de venir les chercher. Il ne pouvait laisser les enfants seuls et elle n'avait pas assez d'argent pour un taxi. Et même si Billy avait pu venir, elle ne connaissait même pas l'adresse de Minnie. *Quelque part près de la rue Scott*, se rappelait-elle vaguement.

Elle regrettait de ne pas avoir songé à suivre les trois étudiants lorsque ceux-ci les avaient quittées. Elle se sentait maintenant isolée, impuissante et pas du tout certaine du sort qui les attendait, elle et son amie. La nuit avait pris des allures de « cirque » navrant. Comment pouvaient-elles espérer marcher « sur la corde raide » alors qu'elles arrivaient à peine à se tenir debout ? Ça devait être une soirée de plaisir et rien de plus. La fête se terminait plutôt mal et leur sort était encore plus incertain qu'il ne l'était quelques heures auparavant, lorsqu'elle et Minnie avaient commencé leur soirée avec Sam.

L'homme au manteau de tweed noir, qui avait dragué Joyce quelques minutes plus tôt, se présenta de nouveau. C'est alors que le jeune ami de Mohammed, Abdi, se leva brusquement de sa table.

Déclaration à la police — Joyce Wesley

Un Noir a essayé de nous aborder et Abdi nous a alors mis en garde, que ce type n'était pas un cadeau. Minnie s'était déjà rendue aux toilettes deux fois pour vomir avant qu'Abdi ne nous parle et offre de nous reconduire à la maison. Je lui ai dit : « Est-ce que je peux vous faire confiance ? » et il m'a dit : « Oui » ; et je lui ai dit que tout le monde disait ça, mais que je ne lui faisais pas confiance ; et il a dit : « Nous ne faisons pas de mal aux femmes », et je lui ai dit : « D'accord, allons-y. »

Le groupe quittant le Mexi-Go était bien différent de celui qui y avait pénétré il y avait une demi-heure à peine. À leur arrivée, Joyce et Minnie étaient accompagnées de trois jeunes hommes qui semblaient être plus que des connaissances, qui paraissaient sincèrement s'intéresser à leur état et s'inquiéter de leur bien-être. Les trois hommes avec qui elles ressortirent leur parlaient à peine. La scène avait des allures convenues : les vainqueurs qui repartent avec leurs victimes. Sauf que Joyce ne se prenait pas du tout pour une victime ; elle était simplement soulagée de voir quelqu'un prendre le relais pendant un instant.

En sortant, Joyce indiqua à Minnie, en langue crie, qu'elles s'en allaient à la maison pour se coucher. Elle ajouta que les hommes avaient promis de ne leur faire aucun mal et que *tout finirait par s'arranger*.

Mohammed avait stationné sa voiture dans un petit terrain commercial à l'arrière du restaurant. Mais c'est Abdi qui s'occupa de diriger tout le monde vers le véhicule. C'est ainsi qu'il suggéra que Joyce, Abraham et lui-même prennent place à l'arrière de telle sorte que Minnie dispose de plus d'espace à l'avant. Ensemble, les trois installèrent Minnie sur le siège avant pendant que Mohammed s'occupait de déglacer les vitres du véhicule.

Au moment où Mohammed s'installa derrière le volant, la tête de Minnie pencha vers le pare-brise. Il repoussa Minnie dans son siège et, avant de démarrer, boucla la ceinture de sécurité en ayant soin de la resserrer sur elle.

Enquête du coroner — Contre-interrogatoire : Joyce Wesley

Q. : De toute façon, d'après vos dires, elle vous a dit plus d'une fois qu'elle allait bien.

R. : Oui.

Q. : Et vous lui avez précisément demandé si elle voulait ou non que vous appeliez une ambulance ?

R. : Comment ?

Q. : Le lui avez-vous demandé précisément ?

R. : Lui demander quoi ?

Q. : Si elle voulait ou non que vous appeliez une ambulance ?

R. : Non. Je lui ai dit que j'allais appeler une ambulance, mais elle m'a dit qu'elle allait bien.

Chapitre VII

Un dernier verre

La belle affaire lorsque vous prenez un taxi :
vous dites rue Lowrey et personne ne sait
où elle se trouve... Bien des gens prononcent Laurie,
comme s'il s'agissait d'un prénom, mais ce nom
prête à confusion puisqu'il ressemble à Laurier,
qui est une autre artère.
Michael BELLEFEUILLE
Locataire, 18, rue Lowrey

LE PONT du Portage enjambe la rivière des Outaouais pour relier les villes de Hull et d'Ottawa. Le jour, les six voies du tablier sont engorgées par des voitures se dirigeant vers les bureaux de l'État situés sur les deux rives. Le soir, et surtout les fins de semaine, les voies en direction nord sont particulièrement encombrées de fêtards se déplaçant vers Hull.

Un mille en amont, la structure rouillée du pont des Chaudières enjambe l'un des points les plus bas de la rivière, à l'ombre de la section la plus vieille de l'usine de papier E. B. Eddy; elle passe ensuite les chutes qui expliquent la présence de l'industrie du papier sur ce site précis, puis elle débouche sur les plaines LeBreton. Contrairement au pont du Portage, qui conduit au secteur le plus élégant de la ville d'Ottawa, le pont des Chaudières amène les véhicules dans un vaste champ où vivaient jadis des milliers de travailleurs industriels. L'espace inoccupé sert maintenant de zone tampon entre les immeubles imposants de la capitale nationale et les logements décrépits et délabrés qui sont monnaie courante dans ce secteur des plaines et dans Mechanicsville, qui se trouve tout près.

Abdi Ibrahim et ses amis, en compagnie de Minnie et de Joyce, traversèrent le pont du Portage, et non pas le pont des Chaudières, et arrivèrent à la hauteur des édifices du Parlement, loin des ruelles encombrées du ghetto situé plus à l'ouest. Minnie était assise aux côtés de Mohammed, maintenue en place par la ceinture baudrier de la voiture, la tête bougeant dans un mouvement de va-et-vient, ou reposant sur sa poitrine. Minnie ne prononça aucune parole, si ce n'est des bruits inaudibles émanant de ses narines. À l'occasion, sa respiration s'arrêtait, mais elle finissait par exhaler une haleine repoussante de bière, ce qui n'était pas sans provoquer des jurons à l'intérieur du véhicule.

Joyce avait pris place à l'arrière, entre Abdi et Abraham. Elle finit par se rendre compte que le véhicule n'allait pas dans la bonne direction lorsqu'elle aperçut, sur sa gauche, les immeubles gracieux de la colline du Parlement. Elle avait espéré que Mohammed saurait se débrouiller et qu'il emprunterait la bonne rue pour se diriger éventuellement vers la maison de Minnie. Elle aurait voulu lui donner des directions ou même lui décrire la maison, mais elle en était incapable : tout ce qu'elle savait, c'est que le nom de la rue ressemblait à quelque chose comme Laurie. Ce n'est que lorsque le véhicule roula dans la neige à la hauteur de la Place de la Confédération, traversa les écluses de la rivière Rideau et déboucha dans le quartier de la Côte-de-sable, que Joyce ouvrit la bouche et cria : *Ce n'est pas ici que vit Minnie.*

Enquête du coroner — Témoignage : Abdi Ibrahim

Q. : Et alors, savez-vous quelle adresse vous cherchiez ?
R. : Oui. Son amie nous a dit qu'elle habitait rue Laurier Est, mais elle ne nous a rien dit sur l'adresse et tout ça.
Q. : Est-ce que c'était Laurier ou Laurie ?
R. : Laurier Est.
Q. : C'est ce que vous cherchiez ?
R. : Oui.

Joyce se sentait plus à l'aise dans des endroits comme l'hôtel Claude et le J. R. Dallas que dans le quartier Côte-de-sable. C'était plus vrai encore pour l'avenue Laurier Est, nom donné en l'honneur de sir Wilfrid Laurier, premier ministre du Canada à la fin du XIXᵉ siècle et un des nombreux hommes à avoir trahi son peuple. Plus la voiture avançait le long de l'avenue Laurier et plus Joyce ressentait le besoin de quitter ce quartier. De fait, entendre le mot *Laurier* à l'intérieur de la voiture lui inspirait la violente envie de crier à ses compagnons : *Minnie ne vit pas du tout ici… elle vit près du pont, aux environs de la rue Scott.*

Enquête du coroner — Témoignage : Joyce Wesley

Q. : Saviez-vous où elle habitait ?
R. : Tout ce que je sais, c'est qu'elle habitait rue Scott.
Q. : Je croyais que c'était la rue Laurie ou…
R. : Oui, la rue Laurie est près de la rue Scott.

La reconnaissance dont jouit instantanément l'avenue Laurier ne s'applique pas du tout à la rue Lowrey, rue longue d'un seul pâté de maisons et enfouie au cœur de Mechanicsville. Inconnue pour la plupart des gens à Ottawa, cette rue est néanmoins l'une des artères les mieux connues des habitants de Mechanicsville, en raison de ses modestes dimensions et de sa population en transit.

Si la rue Lowrey avait été connue, ne fût-ce que par un seul membre du groupe, et s'ils avaient traversé le pont des Chaudières, Minnie serait rentrée à la maison dans les minutes qui suivirent leur départ de Hull. Mais lorsque Joyce finit par dire aux trois hommes que son amie n'habitait pas avenue Laurier, il était déjà trop tard : le groupe s'était égaré.

Les trois Somaliens, frustrés, se trouvaient maintenant en territoire inconnu, et à l'instar de tous ceux qui avaient fait la rencontre de Joyce et de Minnie après l'accident, leur seul désir était maintenant de se distancer de la situation ou, à tout le moins, de Minnie. Ce n'était pas la première ivrogne qu'ils rencontraient, mais celle-ci éprouvait de toute évidence des problèmes : elle semblait non pas endormie, mais plutôt tombée dans les pommes. Plus le temps avançait et plus ils se demandaient pourquoi ils ne s'arrêtaient pas au premier feu de circulation pour laisser descendre les deux femmes.

Quelqu'un dans la voiture fit remarquer qu'il ne neigeait plus. Ainsi, tous convinrent que Minnie pourrait prendre un peu d'air frais, du moins jusqu'à ce qu'ils décident de leur plan d'action. Mohammed se dirigea donc vers un terrain de stationnement situé à l'intersection de la rue Nelson, près du restaurant Four Jays. Après être sorti du véhicule, il avança son siège pour permettre à Joyce et Abdi de quitter la banquette arrière et de venir l'aider à sortir Minnie. Ils contournèrent l'automobile par l'arrière, cherchant la meilleure façon de soulever hors du véhicule ce qui ressemblait à un sac de pommes de terre sur jambes.

Ensemble, ils réussirent à extirper Minnie de la voiture, Abraham la poussant légèrement depuis la banquette arrière. Puis, ils tentèrent de la mettre debout, *pour la faire marcher un peu et lui donner la chance de dessaouler, sans café et sans eau froide.* Cependant, Minnie n'était guère en état de marcher, même avec leur aide. On suggéra alors de la prendre sous les bras et de la tirer, mais Joyce s'y opposa en faisant valoir que les policiers avaient essayé la même technique à Hull, sans résultat, et que la meilleure chose à faire était de la déposer sur le sol. Ils réussirent d'abord à la faire asseoir puis, comme elle retombait sans cesse vers l'avant, ils l'allongèrent sur le dos.

C'est alors que Mohammed prit l'initiative de téléphoner au service 911. Laissant Abdi et Joyce avec Minnie, il fit signe à Abraham, lequel était toujours dans la voiture, qu'il allait faire un appel au téléphone public en face du restaurant. Après l'appel, son sentiment d'impuissance fit place à un grand soulagement, ce que ses compagnons ressentirent aussi quelques moments plus tard. L'idée d'avoir affaire à la police ne plaisait à personne, et surtout pas à Joyce, mais il fallait absolument trouver quelqu'un qui reconduirait Minnie à la maison.

Message d'alerte de la police d'Ottawa
1ᵉʳ janvier 1989, 4 h 46

Femme âgée, à l'extérieur, angle Laurier et Nelson.
Problème indéterminé. Assise sur le trottoir. Ambulance en
route. 10-25 (personne malade ou blessée).

Sabrina Corneanu reçut l'appel dans son autopatrouille, alors
qu'elle était à quelques minutes de l'endroit où se trouvait Minnie.
Agente de police à la Ville d'Ottawa depuis sept ans, elle avait commencé sa carrière dans les communications, puis avait été affectée à la
sécurité des tribunaux avant de se retrouver au comptoir d'information
pendant un certain temps et, depuis septembre dernier, au sein des services de patrouille. En cette veille du jour de l'An, on l'avait affectée à la
voiture 312-C et sa tâche consistait à patrouiller le quartier Côte-de-
sable, un des quartiers les plus paisibles, surtout lorsque les nombreux
étudiants qui y habitaient avaient quitté la ville pour la période des
Fêtes. Comme il était peu probable que des troubles n'éclatent dans le
quartier, même en cette soirée digne des plus grands buveurs, elle était
seule dans l'autopatrouille.

À la hauteur du stationnement du restaurant Four Jays, elle remarqua la présence d'une femme, grande de taille, qui lui faisait signe au
beau milieu de la rue. Au début, pensa-t-elle, cette nouvelle intervention s'annonçait semblable aux autres qu'elle avait dû faire ce soir-là :
quelqu'un était tombé dans les pommes et ne se montrait guère coopé-
ratif ; ou encore, quelqu'un avait été attaqué dans le terrain de stationnement ; ou peut-être que la femme qui se dirigeait vers son
automobile en titubant, les deux bras pendants, était-elle une résidante
du secteur que son ami ou son mari, tout aussi ivre, avait malmenée.

Déclaration à la police — Joyce Wesley

… et à ce moment-là, les jambes de Minnie se sont affaiblies
et nous l'avons assise sur le trottoir, puis nous l'avons couchée
sur le dos. Nous avons attendu l'ambulance. Je ne sais pas pendant combien de temps. En attendant l'ambulance, j'étais avec

Minnie et c'est à ce moment-là que j'ai vu l'autopatrouille se diriger vers nous. Avant que la policière ne puisse garer sa voiture, j'étais dans la rue, à lui faire signe. Elle a dit : « Minute, je me range à côté. » C'est ce qu'elle a fait. Elle est sortie et m'a demandé ce qui s'était passé. Je lui ai dit que mon amie avait été heurtée au J. R. Dallas et que je ne savais pas si elle était saoule ou blessée. Elle m'a demandé si je pouvais l'emmener chez moi. Je lui ai dit non, parce qu'il n'y avait pas de place. Je lui ai dit que je ne pouvais la laisser ici parce qu'elle pourrait geler. Elle m'a dit qu'elle l'emmènerait. Je ne sais pas si quelqu'un m'a entendu lui dire ça, vous devrez le leur demander vous-même. Je ne me souviens pas si quelqu'un a examiné Minnie, mais je crois que la policière l'a fait. Elle m'a demandé le nom de mon amie et je lui ai dit : « Minnie ». Je crois que la policière a dit : « Minnie, êtes-vous bien ? » Le gros gars obèse, le conducteur de l'ambulance, était là et c'est tout ce dont je me souviens. Je ne me rappelle de rien de plus parce que j'étais fortement intoxiquée. Même quand je suis fortement intoxiquée, je me souviens de certaines choses, mais il y a des choses dont je ne me rappelle pas. Je ne me rappelle pas comment je me suis rendue chez moi. Pas vrai, j'ai pris un taxi, un taxi d'Eastview, de l'avenue Lees à la maison. Je suis montée à l'appartement d'Abdi au 190 de la rue Lees, appartement 1804, et il a appelé le taxi de là…

Joyce *était* bel et bien en état d'ébriété, et tout semblait dire que la femme couchée près de la voiture de modèle récent l'était aussi.

L'agente Corneanu se rapprocha le plus près possible de Minnie afin de voir si elle respirait, mais l'odeur de bière et de vomissure qu'elle dégageait eut tôt fait de la repousser. Elle demanda à Joyce quel était le nom de son amie. Cette dernière lui répondit qu'elle était sa cousine et qu'elle s'appelait Minnie. Abdi et Mohammed se dirigèrent vers leur automobile.

Enquête du coroner — Témoignage : Agente Sabrina Corneanu

Q. : Avez-vous eu une explication sur ce qui s'était passé ?

R. : Oui, j'ai interrogé une cousine et elle m'a dit qu'elle [Minnie] avait
       bu…
Q. : … Oui, que s'est-il passé d'autre ?
R. : J'ai essayé de la réveiller.
Q. : Comment avez-vous procédé ?
R. : Je l'ai appelée par son nom. Je l'ai secouée. Je n'ai eu aucune
       réponse.

L'agente Corneanu ne réussissait pas à faire reprendre connaissance
à Minnie. C'est alors qu'une ambulance arriva sur les lieux. Les deux
préposés se dirigèrent à l'endroit où Joyce était en train de parler avec
l'agente de police. Le chauffeur, un colosse du nom de Brian
Moloughney, s'informa de ce qui se passait pendant que sa partenaire,
Donna Parker, attendait légèrement en retrait. La policière répondit
que, selon elle, la femme était ivre. M. Moloughney demanda son nom
et on lui répondit qu'elle s'appelait Minnie.

Enquête du coroner — Témoignage : Brian Moloughney

R. : J'ai essayé d'avoir plus de renseignements des gens qui étaient
       autour. J'ai demandé : « Pouvez-vous me dire ce qui s'est passé ? »
       et de nouveau, la dame qui parlait à la policière nous a dit qu'elles
       arrivaient d'une maison située rue Nelson, elle a indiqué le sud,
       qu'elles marchaient vers la rue Laurier quand la dame est tombée.

Enquête du coroner — Contre-interrogatoire : Joyce Wesley

Q. : Avez-vous parlé à l'ambulancier ?
R. : Non. Tout ce que je sais, c'est que j'ai vu l'ambulancier parler à la
       policière, mais je ne sais pas ce qui a été dit.

M. Moloughney se dirigea vers Minnie, qui reposait seule près de
l'automobile. Il lui cria : « Allô ! » et comme elle ne répondait pas, il
entreprit de lui frotter le sternum, c'est-à-dire d'appliquer une pression

sur le sternum avec son poing de façon à causer une douleur et, ainsi, obtenir une réaction. Joyce continuait d'observer cet examen succinct. Son attention était concentrée sur Minnie. Elle espérait un grognement, un mouvement de la tête ou encore une supplication pour ses lunettes, qu'elle se rappelait avoir ramassées dans la gadoue de la rue Principale, à Hull, et les avoir replacées sur le nez de Minnie. Mais le corps ne bougeait pas.

Lorsque M. Moloughney vérifia l'état des pupilles de Minnie, Joyce n'aurait pas été surprise qu'il s'exclame qu'elle était aveugle et que son œil gauche était complètement blanc, mais il ne fit aucun commentaire. Il se releva tout simplement et se dirigea vers l'autopatrouille pour confirmer les dires de l'agente de police : Minnie était ivre.

Enquête du coroner — Témoignage : Brian Moloughney

Q. : Et comment expliquer que selon l'agente de police, Minnie était totalement sans réaction, évanouie, ne disait pas un seul mot, inconsciente, et que selon vous, elle réagissait et était capable de dire qu'elle n'avait pas mal et de décider qu'elle ne voulait pas aller à l'hôpital. Étiez-vous tous les deux au même endroit, en même temps ?

R. : Nous étions au même endroit, à la même heure, mais elle avait fait son contrôle de pression avant mon arrivée.

Q. : Oui, oui.

R. : Et je vous dis ce que j'ai constaté.

M. Moloughney suggéra à l'agente Corneanu de prendre Minnie à bord de l'autopatrouille et de l'emmener au Centre de désintoxication pour qu'elle puisse dessaouler. La policière accepta et entreprit de téléphoner au répartiteur pour qu'il s'enquière de la disponibilité d'un lit auprès du Centre de désintoxication situé rue Bruyère.

Pour la faire marcher, les deux ambulanciers et l'agente de police entreprirent de remettre Minnie en position assise, puis debout, mais Minnie n'était pas en mesure de collaborer. C'est alors que les ambulanciers Moloughney et Parker la ramassèrent littéralement et la déposèrent à l'arrière de l'autopatrouille.

Lorsque la voiture de police s'éloigna, Joyce et ses compagnons s'entassèrent dans la voiture de Mohammed et quittèrent les lieux.

Les ambulanciers Moloughney et Parker firent de même. Selon le rapport d'événement du Service ambulancier de la Communauté régionale d'Ottawa-Carleton, en date du 1er janvier 1989, cinq minutes s'étaient écoulées entre l'arrivée de l'ambulance et son départ des lieux.

Enquête du coroner — Témoignage : Brian Moloughney

Q. : Est-ce le rapport auquel vous faites allusion ?
R. : C'est ça.
Q. : D'accord. Y a-t-il un nom de patient ?
R. : Non, je n'ai pas de nom.

Chapitre VIII

Berceuse dans la basse-ville

Nous estimons avoir accompli notre devoir.
Il était de notre intérêt de faire ce que nous avons fait,
sinon elle serait morte chez nous
sans avoir reçu de soins médicaux.
Carl HUDON
Centre de désintoxication
des Sœurs de la charité

Le CENTRE de désintoxication des Sœurs de la charité d'Ottawa, situé dans le quartier du marché By, n'était pas plus occupé en cette veille du jour de l'An qu'à l'accoutumée. Le Centre accueillait des alcooliques invétérés, des buveurs qui ont une passion pour l'alcool, s'y adonnant tout autant les soirs de fête que ceux passés seuls devant leur téléviseur. Pour eux, la veille du jour de l'An n'a rien de différent; leur besoin d'alcool est toujours omniprésent.

Lorsqu'elle reçut l'appel du répartiteur de la police, Marie-Louise Boudreau, superviseure au Centre, demanda à son interlocuteur d'attendre pendant qu'elle vérifiait les dossiers. Elle voulait voir si le Centre avait déjà accueilli une personne du nom de Minnie et, dans ce cas, si elle avait causé des problèmes et avait dû être référée à un autre endroit. Aucun document ne figurait sous ce nom, du moins au cours des derniers mois. Alors elle avisa le répartiteur de diriger la femme vers le Centre, qui disposait de quelques lits supplémentaires. On en préparerait un pour elle.

Marie-Louise se demandait à quelle personne elle aurait affaire. Quel âge avait-elle? Était-elle léthargique et sur le point de perdre connaissance? Était-elle en proie à la violence et prête à se bagarrer? *Il s'agissait probablement d'une personne inoffensive qui avait tout simplement perdu la trace de son groupe d'amis.* L'intervention de la police n'avait rien d'inhabituel ; « Minnie » n'était que l'une des nombreuses clientes que des policiers amenaient au Centre chaque semaine.

Marie-Louise raccrocha, puis regarda l'horloge : c'était bientôt l'heure de faire l'inspection réglementaire, prévue toutes les 30 minutes. À 4 h 30, 17 des 19 pensionnaires dormaient comme des loirs et, à en juger par le silence qui régnait à l'étage supérieur, il en était probablement de même pour les deux autres.

Elle commençait à peine sa tournée lorsqu'on sonna à la porte arrière. Et même s'il lui semblait qu'elle venait tout juste de recevoir l'appel de la police, elle présuma que c'était la nouvelle cliente qui arrivait.

Elle demanda à sa collègue, Doris, de la remplacer pendant qu'elle s'occuperait de l'enregistrement de la nouvelle venue, puis indiqua à Carl, le préposé, d'aller préparer un lit.

En ouvrant la porte, Marie-Louise aperçut une seule personne, une policière qu'elle voyait pour la première fois. Quelques pieds derrière, se trouvait l'autopatrouille stationnée dans l'étroite ruelle qui séparait la bâtisse du Centre du mur d'un vieil immeuble. Les phares allumés éclairaient la ruelle en entier et le moteur tournait au ralenti. Les portières arrière étant grandes ouvertes, elle put apercevoir, sur la banquette, un corps immobile étendu, la tête appuyée sur une couverture repliée.

Indiquant la voiture, l'agente Corneanu expliqua qu'elle aurait besoin d'aide pour transporter la femme étant donné qu'elle était incapable de marcher. Ce à quoi Marie-Louise répliqua que le Centre n'acceptait pas les personnes qui n'étaient pas en mesure de marcher. « Nous pouvons l'aider à se déplacer, mais elle doit venir à l'intérieur par ses propres moyens. »

Déclaration à la police d'Ottawa
Marie-Louise Boudreau, superviseure
Centre de désintoxication

À ce moment-là, Carl Hudon, un préposé du Centre, m'a rejointe à la porte. Je suis alors sortie et j'ai essayé de la réveiller, sans succès. J'ai expliqué à la policière la politique du Centre régissant l'admission des personnes non ambulatoires. La policière, qui était pas mal furieuse, a dit que le Centre ne remplissait pas son mandat et qu'il [*sic*] porterait plainte contre moi et le Centre.

Les deux femmes délibérèrent péniblement sur cette situation. L'agente Corneanu, affirmant tout ignorer de cette politique, demanda pourquoi le répartiteur n'en avait pas été informé avant qu'elle ne fasse tout ce trajet. Marie-Louise lui fit remarquer qu'elle devait de toute façon se trouver dans les parages puisque l'on venait tout juste de recevoir l'appel téléphonique et que, selon elle, le service de police devrait être au courant de cette politique étant donné que le problème s'était déjà présenté des douzaines de fois par le passé. Elle déplorait également de ne pas avoir été informée par téléphone de l'état de Minnie. Le Centre répugnait à refuser l'accès à des personnes qui y arrivaient, surtout si elles étaient dans un état aussi pitoyable que celui de Minnie.

Centre de désintoxication — *Manuel du Centre*

[Traduction] Un homme / une femme inanimé(e) et immobile n'est jamais admis(e) au Centre dans cet état.

Si un homme / une femme inanimé(e) est référé(e) par téléphone, le personnel donne pour instruction à la personne ou à l'agence qui l'a référé(e) de conduire l'homme / la femme à l'hôpital le plus proche.

Marie-Louise constata tout de suite que Minnie était une Autochtone et qu'elle avait les caractéristiques de la clientèle du Centre : dans la cinquantaine, portant jean usé et manteau démesurément grand qui montrait des signes manifestes d'usure et de chutes antérieures. Ses mains, potelées, étaient couvertes de cicatrices et de callosités. Ses doigts, petits et boudinés, étaient peinturlurés d'un vernis à ongles rouge vif. Elle avait le teint à la fois rose et irrégulier, comme si la peau avait été exposée à un froid plus intense que celui de ce soir-là. De fait, la seule caractéristique spéciale de cette femme était qu'elle ne bougeait pas.

Marie-Louise tenta de la réveiller en l'appelant à quelques reprises par son nom, toujours de plus en plus fort. Elle n'obtint aucune réponse, pas même un tressaillement. Elle agita alors les pieds de Minnie pour provoquer un mouvement quelconque, mais constata qu'ils s'affaissaient aussitôt. Elle aperçut la policière qui se dirigeait de l'autre côté de la voiture, et lui suggéra d'emmener Minnie à l'hôpital ou au poste de police. Une dernière fois, l'agente Corneanu souleva Minnie par le menton, puis lui bougea doucement la tête pour la faire réagir. Rien, aucun signe.

Enquête du coroner — Contre-interrogatoire
Marie-Louise Boudreau

Q. : [...] Vous avez déclaré que lorsque vous êtes allée vérifier l'état de Minnie à l'arrière de l'autopatrouille... les deux portières étaient ouvertes. Vous étiez d'un côté, l'agente de police de l'autre.

R. : Oui.

Q. : Et pas de réponse. Vous avez dit à la policière que vous ne pouviez pas la prendre, alors elle est repartie.

R. : C'est exact.

Q. : D'accord. Alors, vous êtes bel et bien sortie de l'immeuble.

R. : Oui.

Enquête du coroner — Témoignage : Agente Sabrina Corneanu

Q. : Quelqu'un du Centre de désintoxication est-il sorti et a-t-il regardé à l'intérieur de votre voiture... ?

R. : Non.

Encore une fois, ce matin-là, l'agente Sabrina Corneanu se trouva confrontée à un dilemme par rapport à Minnie Sutherland. On avait d'abord demandé une ambulance, et l'ambulancier avait déclaré que Minnie était ivre. *Sans blague!* Aux dires de l'amie de Minnie, elles avaient pris quelques verres à Hull. L'amie ne semblait pas trop inquiète puisqu'elle avait quitté les lieux peu de temps après l'arrivée de la policière. Et maintenant, une employée du Centre de désintoxica-tion affirmait que Minnie était trop ivre pour y être admise et qu'elle devrait être emmenée à l'hôpital. Pourquoi l'hôpital ? Elle ne semblait pas malade ; elle était tout simplement ivre. Ivre ! Les solutions de rechange étaient peu nombreuses pour se charger du cas de quelqu'un frappé d'incapacité et dont personne ne voulait s'occuper — d'autant plus que la femme en question n'avait rien fait de mal, si ce n'est d'avoir sombré dans l'alcool la veille du jour de l'An, comme beaucoup de monde soit dit en passant.

Déclaration à la police d'Ottawa
Marie-Louise Boudreau, superviseure
Centre de désintoxication

Ensuite, la policière a fermé la portière arrière de l'auto-patrouille en accrochant ses pieds au passage. Avant d'entrer dans l'autopatrouille, il [*sic*] a demandé ce qu'il [*sic*] devait faire avec elle [Minnie]. Nous avons suggéré de l'emmener à l'hôpital ou au poste de police.

Après le départ de l'agente Corneanu et une fois rentrée au Centre, Marie-Louise et Carl entendirent un bruit, comme si quelqu'un s'agi-tait à l'étage supérieur. Par expérience, tous deux savaient qu'un simple changement de posture dans un lit pouvait être le prélude à un cri lancé à tue-tête ou à un torrent d'injures, puis à un tollé de commentaires infâmes sur la vie en général, après quoi la personne vomirait sur l'em-ployé essayant tant bien que mal de la calmer. Une nouvelle inspection s'imposait donc : Carl contrôla le rez-de-chaussée tandis que Marie-Louise s'attaqua à l'étage supérieur. Heureusement, Doris avait déjà maîtrisé l'homme avant que celui-ci ne réveille d'autres pensionnaires. Cette fois-ci, il avait suffi de quelques paroles réconfortantes et d'un comprimé de Tylenol pour calmer son mal de bloc.

Marie-Louise prit un autre appel du poste de police. *J'espère que cette personne connaît la politique du Centre*, pensa-t-elle, avant de demander si l'homme ou la femme pouvait se tenir debout. Tout en parlant, elle regarda dehors et remarqua qu'il n'y avait pratiquement pas de voitures dans la rue. La chose était plutôt inhabituelle étant donné que le principal hôpital de soins palliatifs de la ville était situé dans cette rue et que les visiteurs y venaient et en sortaient à toute heure. Au même moment, une voiture passa lentement. Deux personnes y étaient assises l'une près de l'autre, à l'avant : probablement un couple qui venait de célébrer sa première veille du jour de l'An ou, au contraire, des membres d'une famille partageant leur dernière.

Marie-Louise consulta sa montre : il était passé 5 heures. Elle retourna dans le bureau pour mettre le registre à jour.

Journal du Centre de désintoxication
1er janvier 1989 (extrait)

5 heures : Sutherland, Minnie, refusée à la porte — sans connaissance dans l'autopatrouille — incapable de la réveiller.
                                                              MLB

L'agente Corneanu roulait rue Parent, en direction du marché By, et informa le poste de police, par radio, de son arrivée prochaine. Elle avançait lentement, ne comprenant trop pourquoi elle ramenait au poste cette femme inanimée sur la banquette arrière, mais sachant tout de même qu'elle devait le faire, car personne d'autre ne l'accueillerait.

Quelques heures auparavant, le marché By montrait une activité fébrile : fêtards du Nouvel An attablés dans la cinquantaine de bistros et de cafés du secteur, ou encore clientèle chahuteuse dispersée dans la demi-douzaine de bars nés à la même époque que le marché des producteurs agricoles, d'où le nom du marché By. À cette heure, les établissements avaient verrouillé leurs portes, les terrains de stationnement étaient vides, et les profonds sillons dans la neige étaient parsemés d'éclats de verre de bouteilles de bière que les fêtards avaient lancées de leur voiture pour saluer la nouvelle année, avant de démarrer en trombe.

Se promener en automobile dans le marché By à cette heure du jour offrait aux personnes de l'âge de Sabrina Corneanu, un bref aperçu d'une époque qu'elles ne connaissaient que par ouï-dire, alors que le marché était bien plus qu'un simple endroit où consommer un cappuccino et un dessert.

Jusque dans les années 60, le marché était fréquenté par la classe ouvrière de toute la vallée, de ces gens qui allaient et venaient dans les poissonneries, qui commandaient des quartiers de viande et qui transportaient des sacs de denrées sèches achetées chez l'un des marchands installés derrière leur kiosque à légumes.

À cette époque, on disait le marché « peu recommandable la nuit », car y rôdaient « clochards » en quête de restants laissés quotidiennement par les maraîchers, et « filles de joie » appuyées aux montants qui, le jour, supportaient les bâches des kiosques à légumes.

Il n'était toujours pas recommandable de fréquenter le marché aux petites heures du matin. Près de l'intersection des rues George et Dalhousie, un homme au manteau déchiré, assis sur le trottoir, tenait un sac de plastique rempli de détritus. À ses côtés, gisait une bouteille d'alcool à friction vide. Une grande femme de race noire, affublée d'une minijupe et d'un manteau court ouvert, traversa la rue. Faisant fi de l'homme assis sur le trottoir et des automobilistes qui attendaient pour virer, elle marchait avec fierté, le regard droit devant elle, se frottant les bras pour se réchauffer.

L'agente Corneanu s'engagea dans l'entrée des véhicules du poste de police d'Ottawa, à 5 h 12. Elle avait déjà signalé son arrivée par radio ainsi que la présence de Minnie et l'état de cette dernière. Le répartiteur l'informa que le sergent Givogue, responsable du pavillon cellulaire cette nuit-là, l'attendait.

Déclaration à la police d'Ottawa — Sergent Luc Givogue

Cet agent déclarera avoir été responsable du pavillon cellulaire le 1er janvier 1989 et avoir examiné, dans l'entrée des véhicules du poste de police d'Ottawa, une personne de sexe féminin, maintenant identifiée comme étant Minnie Sutherland, qui était couchée sur la banquette arrière de l'autopatrouille de l'agente Corneanu.

Une fois sortie de son véhicule, l'agente Corneanu raconta son histoire au sergent Givogue : elle avait répondu à un appel de priorité 2, sur l'avenue Laurier Est et, dans un terrain de stationnement situé près du restaurant Four Jays, avait découvert une femme étendue sur le sol qui, de toute évidence, était saoule. Celle-ci était accompagnée d'une autre femme, également en état d'ébriété. L'ambulance arriva sur les lieux quelques instants plus tard et l'un des ambulanciers examina la femme, puis déclara qu'elle était bel et bien ivre. Après avoir relaté l'incident du Centre de désintoxication, elle exprima sa déroute par rapport à ce qu'elle aurait dû faire après un tel accueil.

Le sergent Givogue jeta un coup œil à l'arrière de la voiture pour observer de plus près Minnie, puis estima qu'elle était sans connaissance. L'odeur qui s'était répandue dans la voiture lui confirma, à lui aussi, qu'elle était ivre. Il lui examina la tête pour voir si elle avait pu être blessée suite à une chute ou à une bagarre. Pour obtenir une réaction physique, il exerça une pression sous le nez de Minnie, puis sous son menton et ses oreilles. Sa tête bougea, peut-être d'un pouce, puis plus rien. Sa physionomie ne changeait pas, ses yeux étaient toujours fermés et elle ne remuait tout simplement pas.

Enquête du coroner — Témoignage : Sergent Luc Givogue

Q. : Ainsi, les ambulanciers l'ont vue aux environs de 5 heures, ou quelques minutes avant, et l'ont placée dans l'autopatrouille, et pourtant ils ont certifié, ou à tout le moins l'un d'entre eux a certifié, qu'elle était en fait capable de parler et d'indiquer qu'elle ne voulait pas aller à l'hôpital, mais au Centre de désintoxication. Vous a-t-elle paru, de quelque façon que ce soit, en état de parler, de communiquer ?

R. : Quand elle a été emmenée à l'entrée des véhicules, non, sûrement pas.

Contrairement à la politique qu'avait adoptée le service de police de la Ville d'Ottawa, interdisant aux policiers de conduire une personne à l'hôpital en automobile, sauf s'il s'agissait d'un détenu, le sergent Givogue ordonna à la policière Corneanu d'emmener Minnie à l'hôpital. Il n'était pas lui-même convaincu que les ambulanciers s'étaient acquittés de leurs fonctions comme il se devait, mais il n'avait pas l'intention de les relancer par téléphone. Il ne lui semblait pas approprié non plus de garder en détention une femme inconsciente qui, de toute évidence, n'avait rien fait de mal. En outre, le fait que Minnie était sans connaissance l'empêchait de suivre toute autre ligne de conduite.

Alors que l'agente Corneanu s'apprêtait à partir, le sergent Givogue insista de nouveau : « Fais-lui subir un examen et insiste par n'importe quel moyen pour qu'un médecin la voie. S'il juge que tout va bien ou s'il refuse de l'admettre à l'hôpital, ramène-la ici et je n'aurai d'autre choix que de l'héberger en prison. »

ℂ

À 5 h 45, le personnel du service d'urgence de l'Hôpital général d'Ottawa sortait Minnie de l'autopatrouille. L'infirmière responsable du triage trouva les nom et prénom de Minnie dans son sac à main qui, singulièrement, était toujours près d'elle. Puis, l'agente Corneanu l'informa que Minnie avait été trouvée dans la rue, ivre à ce qu'il paraît. C'est là toute l'information qui fut communiquée à l'hôpital.

ℂ

Au moment de quitter l'hôpital, Sabrina Corneanu mit à jour son carnet de bord.

> Minnie Sutherland
> D^{re} Peacock
> Admission à l'Hôpital général
> Trouvée à l'intersection Laurier et Nelson.

ℂ

Le D^{re} Margaret Peacock, qui était de service ce matin-là, procéda à plusieurs prélèvements de sang et inspecta Minnie pour tenter de découvrir des blessures qui auraient pu causer son inconscience. Les signes vitaux de Minnie étaient stables, mais elle constata qu'elle souffrait d'hypothermie, condition certes pas idéale, mais tout de même courante chez une personne découverte dans les rues en hiver. Elle constata également que l'haleine de Minnie dégageait une forte odeur d'alcool.

Quelques heures plus tard, le D^re Peacock n'arrivait toujours pas à réveiller Minnie. Elle discuta de son état avec le médecin qui assumait le prochain quart à l'urgence et les deux convinrent qu'elle devrait être admise à l'hôpital pour y subir d'autres examens.

Service de police d'Ottawa
Manuel des règlements et des procédures

SOINS AUX PERSONNES EN DÉTENTION

[Traduction] En devoir, un sous-officier doit : assurer la garde de toutes les personnes en détention et, si l'une d'elles perdait connaissance ou donnait l'apparence d'être en situation sérieuse de détresse causée par une maladie ou une blessure, une intoxication ou une réaction à une drogue quelconque, la faire transporter vers l'hôpital le plus près, en respectant toutes les politiques et procédures établies concernant le déplacement de personnes en détention.

[...] Les données sur la personne transportée à l'hôpital conformément aux directives de cette section, seront obtenues, et un rapport d'événement sera soumis.

Ce n'est que 12 jours plus tard que l'agente Corneanu prépara le rapport d'événement. À ce moment-là, le cas de Minnie Sutherland suscitait beaucoup d'intérêt. Tout à coup, la femme que les policiers de Hull appelaient une « squaw » et dont le cas avait embêté la police d'Ottawa, était devenue une personnalité publique, et sa mort était considérée comme la conséquence malheureuse d'une non-intervention, de préjugés et de négligence. Toutefois, même si son nom fut largement connu à Ottawa et qu'une photographie d'elle fut publiée dans des douzaines de journaux partout au pays, personne ne sut vraiment qui avait été Minnie Sutherland.

Minnie et son père, Bart,
en 1953.

Les grands-parents de Minnie,
Barbara et Thomas Goodwin.

Minnie et sa mère, Maggie, en 1955.

Minnie et sa mère,
Maggie, en 1955.

Maggie Sutherland et ses enfants,
Minnie et Sidney, en 1956.

Minnie, à l'âge de 7 ans.

Le premier amoureux de Minnie, Augustine Scott.

Minnie lorsqu'elle travaillait avec des enfants handicapés, à Waterloo, en 1966.

Minnie à Ottawa, en 1967.

Maggie Sutherland
et ses filles,
Linda et Minnie,
à Toronto,
en 1969.

Minnie et sa fille, Roseanne, en 1969.

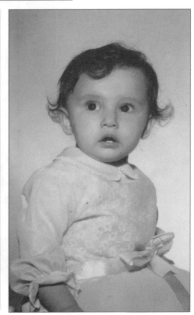

Roseanne, en 1970.

Violet, à l'âge de 4 ans.

Les sœurs, Daisy Arthur et Maggie Sutherland, en 1982.

Les amies Maggie Bugden, Minnie Sutherland et Evelyn Mark (avec son fils), à Ottawa, en 1988.

L'hôtel Claude, vers 1980.

La « strip », à Hull, en 1989 (promenade du Portage). (Université d'Ottawa, Centre de recherche en civilisation canadienne-française, Fonds Le Droit, C71, Ph 92/220289 PRO/5-5A. © Michel Lafleur, *Le Droit*, Ottawa, 1989.)

Linda et John Wynne.

Joyce Wesley et son mari, Billy Diamond.

L'endroit où Minnie est enterrée, à Kashechewan.

Troisième partie
Les étoiles

Chapitre IX

Cinq heures pile

*Elle n'a jamais voulu se marier,
mais elle adorait les enfants.*
Doreen MILBURY

APPRENDRE à quelqu'un à fumer, ce n'est pas une sinécure. Du moins c'était l'avis de Minnie Sutherland, jeune femme de 18 ans pour qui fumer était une activité socioculturelle à laquelle il fallait s'exercer en solitaire pour bien paraître en public.

Pour Minnie, l'exercice de fumer était un véritable rituel ; il fallait porter les bons vêtements, être maquillée, se tenir d'une certaine façon, faire preuve de sensualité et adopter la bonne attitude. Selon elle, il fallait effectivement porter les vêtements appropriés, comme s'il s'agissait de la générale d'une pièce de théâtre alors qu'on enchaîne le tout sans public, sauf peut-être devant un ami qui peut noter les erreurs commises. Fumer à la maison était tout ce dont Minnie avait besoin comme dose de confiance avant d'aller écumer les boîtes de nuit ou encore les pistes de danse qu'elle affectionnait.

Habituellement, elle s'habillait de façon très convenable. Son choix s'arrêtait sur ses robes de cocktail d'un vert ou violet vif qui, en raison de sa petite taille, tombaient bien au-dessous de ses genoux. (En été, avant d'aller à la plage, elle défilait en bikini dans son logement et se pavanait devant ses miroirs des heures durant en fumant une bonne douzaine de cigarettes.) Elle relevait ses cheveux, se collait des ongles rouge vif et se parfumait le cou et les épaules.

Puis, elle se dirigeait vers la chaîne stéréo, qu'elle avait achetée au magasin de l'Armée du salut à son arrivée à Ottawa, et faisait jouer le seul 45 tours qu'elle possédait : *A Single Girl,* par Sandy Posey. Cette chanson fétiche, qui semblait avoir justifié son déménagement de Moose Factory à Ottawa, la mettait toujours de bonne humeur.

Elle traversait alors rapidement la pièce en dansant et, au passage, allumait la lampe de table, éteignait le plafonnier pour obtenir une lumière tamisée et saisissait le briquet de laiton qu'un petit ami lui avait jadis offert. D'un coup de pouce, elle l'ouvrait, puis l'ajustait afin d'obtenir la hauteur de flamme désirée.

Une Rothman entre les doigts, elle se laissait choir tout doucement dans le fauteuil inclinable et se croisait les jambes de façon à révéler un genou, puis l'autre. Elle ne basculait pas complètement le dossier et, à la première bouffée, laissait tomber sensuellement sa tête vers l'arrière, avalait la fumée, puis les lèvres pincées, l'exhalait en une brume légère.

☾

Maggie Bugden, la meilleure amie de Minnie à l'époque, s'évertuait à atteindre la même grâce, mais en vain. Selon Minnie, à l'âge de 19 ans, Maggie était trop vieille pour apprendre de nouveaux trucs. Selon Maggie, c'était plutôt qu'elle éprouvait plus de plaisir à regarder Minnie qu'à s'y mettre elle-même.

☾

Minnie et Maggie se rencontrèrent à Ottawa, en 1966, dans le cadre d'un programme gouvernemental d'éducation aux adultes permettant de compléter les études de niveau secondaire. Bien qu'elles soient nées sur des rives opposées de la baie James, elles avaient des amis communs, venant principalement de Timmins et de North Bay, deux collectivités autochtones populaires formées bien avant que le gouvernement ne commandite l'établissement de réserves situées des deux côtés de la Baie.

Inscrite au programme depuis un an déjà, Minnie avait organisé sa vie autour de ses activités scolaires et sociales. Elle se lia d'amitié autant avec des Autochtones qu'avec des Blancs, et comptait de nombreuses connaissances. Elle savait où se procurer la bouteille de Coca-Cola la moins chère à Vanier. Elle savait aussi où, le long du chemin de fer, s'arrêtaient chaque été les camions contenant manèges et tentes pour la foire, qu'on s'empressait de décharger. Elle pouvait situer chaque cinéma, ainsi que l'endroit où s'était produit Elvis Presley avant de connaître la gloire, et pouvait vous diriger vers le restaurant Diamond Barbecue, rue Bank, qui, selon elle, servait le meilleur sandwich au poulet en ville.

Minnie cohabitait avec Beatrice Jonah, une autre Crie de la baie James qui fréquentait également l'école, tout comme Evelyn Mark, la première Autochtone que Minnie avait rencontrée à Ottawa. Peu après l'arrivée de Maggie, Evelyn termina le programme et se mit aussitôt à la recherche d'un emploi. L'absence d'Evelyn à l'école, entre les cours et le midi à la cafétéria, permit à Minnie de consacrer plus de temps à Maggie, qui sut en tirer profit. Effectivement, en l'espace de quelques semaines, cette dernière devint très à l'aise à l'école, donnant même des directions et prodiguant des conseils à des étudiants qui avaient commencé en même temps qu'elle.

Les heures que les deux femmes passèrent ensemble leur furent très précieuses, particulièrement pour Maggie qui avait finalement trouvé une confidente. Bien que plus jeune qu'elle, Minnie semblait avoir vécu des expériences heureuses, du genre qui lui avait elle-même fait défaut durant son passage à Fort George (Québec). Maggie appréciait surtout la façon dont Minnie se présentait, c'est-à-dire avec fierté, assurance et dignité. Elle représentait un modèle dans un monde non seulement nouveau mais parfois intimidant pour Maggie.

En quelques mois, Minnie et Maggie devinrent inséparables, passant le plus clair de leur temps libre ensemble. Comme la maison à Vanier où Maggie vivait en pension n'était située qu'à quelques minutes du logement de Minnie et de Beatrice, les deux amies prenaient l'autobus ensemble, s'arrêtant parfois après l'école pour siroter une boisson gazeuse, avant de rentrer dans leur domicile respectif. Lorsque Beatrice prit la décision hâtive d'abandonner le programme et de retourner dans le Nord, Minnie s'informa de la disponibilité d'une chambre, là où logeait Maggie. En l'espace d'une semaine, les deux femmes vivaient sous le même toit.

Tout comme la plupart des jeunes Autochtones fraîchement débarqués en ville, Minnie et Maggie côtoyaient les Blancs avec un mélange de confiance et d'hésitation. D'une part, elles avaient hâte de faire des rencontres et d'explorer ce milieu de béton et d'acier, fortes de l'innocence acquise à vivre leurs jeunes années dans des collectivités sécurisantes.

D'autre part, les parents et les aînés de leur communauté d'origine n'avaient cessé de les mettre en garde contre la vie urbaine. La plupart de ces derniers, s'étaient rendus dans une grande ville canadienne à une époque ou l'autre de leur vie et s'étaient continuellement heurtés à des problèmes de discrimination. Ainsi, dans chaque lettre en provenance de Moose Factory ou de Fort George leur déconseillait-on vivement de trop faire confiance aux Blancs, leur rappelant de ne jamais oublier leurs attaches autochtones « car eux s'en souviendraient », et les prévenant des risques de se mêler à une foule de buveurs et de se retrouver au mauvais endroit au mauvais moment — moments qui permettent de reconnaître ses vrais amis. Au début, ces nombreux avertissements avaient eu pour effet de décourager les deux femmes, mais l'enthousiasme de Minnie eut tôt fait de reprendre le dessus. Si Maggie se sentait abattue, Minnie se chargeait de lui « secouer les puces » en un rien de temps, en lui suggérant de sortir pour fumer une cigarette ou en lui racontant une blague grivoise qui faisait rougir Maggie et lui faisait oublier son coin de pays.

En 1966, Ottawa était en pleine effervescence. On s'apprêtait à fêter le centenaire de la Confédération, ce qui attirait l'attention à l'échelle internationale. Minnie et Maggie se réjouissaient de constater cet engouement soudain des Canadiens pour le patrimoine autochtone de ce pays centenaire qui, depuis toujours, avait favorisé des liens étroits avec la Grande-Bretagne ou la France, plutôt qu'avec les nations autochtones établies au pays depuis des milliers d'années.

Partout où elles se retrouvaient à Ottawa, Minnie et Maggie étaient témoins d'une transformation qui ne ressemblait en rien à ce qu'elles avaient connu dans le Nord : comme de passer un après-midi au soleil pour voir le raccordement de l'hôpital au réseau électrique ou encore de faire la fête chez quelqu'un qui venait d'installer une antenne parabolique.

Ce changement de vie à Ottawa était le bienvenu. Minnie et Maggie pouvaient maintenant passer des heures à la Place de la Confédération, à regarder les travaux de construction du Centre national des arts. Un peu plus loin, elles pouvaient assister au démontage de lignes ferroviaires, qu'on remplaçait par des arbres et du gazon vert, apanage des maisons de Blancs dans le Nord. Quelques pâtés de maisons plus loin, elles pouvaient compter les 26 étages de la première tour de bureaux à être érigée dans le ciel d'Ottawa. Puis, il y avait les cinémas, les restaurants italiens et chinois et les supermarchés qui débordaient de victuailles dont elles se contentaient de rêver avant leur arrivée ici.

Minnie était une lève-tôt, habitude qui remontait à l'année précédente, époque où elle se levait à 5 heures pour aller travailler auprès de jeunes déficients mentaux à Waterloo. Maggie, quant à elle, avait beau essayer, elle n'entendait jamais le réveille-matin et finissait toujours par se réveiller au son des cris d'alarme incessants de Minnie, qui ne voulait pas être en retard à ses cours.

À l'école, elles essayaient de manger ensemble tous les jours et si l'une d'elles avait une course à faire, l'autre la suivait allègrement. Au retour de l'école, elles devaient prendre deux autobus pour se rendre à la maison, et profitant de la correspondance au centre-ville, elles allaient du côté de la rue Sparks reluquer les belles robes dans les vitrines du grand magasin Murphy Gamble. Le soir, elles s'attablaient devant les bons repas chauds que leur mitonnait la logeuse. Pour les deux Autochtones, Mme Demers représentait un modèle de Blanc, c'est-à-dire une personne amicale, hospitalière et gentille. Elles ne manquaient jamais une occasion de le dire à qui voulait bien l'entendre dans leur patelin natal. Les nombreux avertissements qu'on leur servait par lettre chaque deux semaines étaient assurément exagérés.

Les fins de semaine, Minnie et Maggie sortaient. Tantôt elles allaient simplement au petit restaurant du coin passer une soirée entière à déguster des boissons gazeuses et des frites, tantôt elles allaient au cinéma avec des amis ou encore chez une de leurs connaissances pour regarder des émissions de télévision comme *I Dream of Jeannie* et *The Brady Bunch*. Le fait que le groupe possédait le même bagage culturel augmentait le plaisir d'être ensemble ; il était réconfortant de côtoyer des gens dont les antécédents et les expériences étaient semblables, et qui étaient confrontés aux mêmes défis d'adaptation à un nouveau milieu. Ces soirées étaient presque toujours agréables, du moins tant et aussi longtemps que personne ne se mettait à boire. Dans de tels cas, le groupe se dissolvait et le plaisir disparaissait aussitôt.

À l'occasion, quelques membres du groupe, surtout des filles, se rendaient au Oak Door, boîte de nuit située rue Bank. Elles y acquittaient les frais d'entrée de 1 $ et, pour 0,25 $, pouvaient consommer une boisson gazeuse et passer la soirée entière à écouter les orchestres jouer des airs des Beatles et de Motown et à danser avec de charmants jeunes Blancs. Minnie se plaisait à cet endroit, car elle adorait danser ; il devait en être ainsi pour tous ceux qui fréquentaient cet établissement puisqu'on n'y servait pas d'alcool. Maggie aimait cette boîte parce qu'elle n'y était pas assaillie par les sentiments de culpabilité éprouvés en présence *de buveurs*, même si la plupart des gens qui s'y trouvaient n'auraient pas demandé mieux que d'ingurgiter une ou deux bières.

De temps à autre, les fins de semaine, elles sortaient avec Evelyn et quelques autres Autochtones qui vivaient à Vanier, en majorité des filles un peu plus âgées qu'elles. Elles se dirigeaient gaiement vers un restaurant, où elles commandaient un hamburger et un gros plat de frites qu'elles arrosaient généreusement de ketchup et de vinaigre. Elles pouvaient passer au moins deux heures à manger, à se raconter des histoires aussi bien qu'à faire jouer de la musique. Il leur arrivait quelquefois de se payer le luxe de quelques laits frappés qu'elles partageaient, après quoi elles se racontaient une dernière blague devant le restaurant avant de se quitter.

Lors de ces sorties, les conversations portaient habituellement sur ce qui se passait à l'école — le niveau de difficulté des cours, l'habillement des autres étudiants, et leur désir de fréquenter une école à Vanier pour ne plus avoir à se rendre à l'autre bout de la ville. Elles finissaient toujours par vanter l'amabilité de l'un des professeurs ou par parler d'un tel et de sa paranoïa à la vue d'un vrai *Indien* en chair et en os. Minnie se portait toujours à la défense de ceux que ses compagnes critiquaient. Pour elle, il fallait accorder le bénéfice du doute aux gens qui n'étaient pas là pour se défendre, concluant que les Amérindiens n'étaient pas des anges eux non plus.

Quelquefois l'un des gars du groupe suggérait d'aller dans un bar, comme le Maple Leaf, chemin Montréal, l'hôtel Claude à Vanier ou encore l'hôtel Chaudière à Aylmer. Règle générale, les filles ne se montraient guère enthousiastes, mais Maggie avait l'impression que Minnie se serait jointe à eux si l'une d'elles avait accepté de l'accompagner. Une fois, un des gars demanda à Maggie pourquoi elle ne venait pas, ajoutant que jadis, Minnie et Beatrice le faisaient tout le temps.

Habituellement, c'était après un long discours d'une des filles sur les dangers de consommer de l'alcool et de gaspiller son argent pour ce vil plaisir, que les filles rentraient à la maison et que les gars sortaient.

Le jour suivant, inévitablement, au moins un d'entre eux s'adressait à l'une d'elles, reconnaissant la justesse de ses propos sur l'excès d'alcool et finissant par demander de lui prêter 0,50 $ jusqu'au lendemain. La semaine d'ensuite, la leçon était oubliée et les gars répétaient le même scénario.

Les dimanches, Minnie et Maggie consacraient leur journée à la lecture ou à la musique ou encore allaient bavarder chez quelqu'un. L'été, elles faisaient parfois, en compagnie d'autres amis, d'interminables promenades le long du canal Rideau, jusqu'au centre-ville ou jusqu'à la colline du Parlement, pour assister à l'un des nombreux festivals ou activités propres à la capitale nationale. Le dimanche soir, après le souper, les deux filles regardaient la télévision avec Mme Demers et les autres pensionnaires, se rassuraient qu'elles étaient prêtes pour une nouvelle semaine à l'école (même lorsqu'elles ne l'étaient pas) et écrivaient une lettre à leur famille.

Lorsqu'elle écrivait une lettre, Minnie dérogeait à son comportement ordonné habituel et se mettait à parler de tout et de rien, passant du coq à l'âne. Elle pouvait à la fois avoir le mal du pays et être heureuse d'avoir quitté la maison. Du même souffle, elle pouvait se dire contente d'être loin de sa mère et se lamenter que celle-ci lui manquait. Tantôt elle affirmait que son père était trop calme dans l'adversité, puis l'instant d'après, elle le louangeait d'être ainsi alors que d'autres s'affolaient.

Immanquablement, lorsque Minnie parlait de son patelin, elle finissait par se lancer dans une longue diatribe contre Augustine Scott, un Amérindien de Fort Albany (Ontario) qui était en amour avec elle. Minnie l'aimait également, mais se disait trop jeune pour s'engager. Selon elle, il devrait respecter sa décision d'attendre.

Lorsque Minnie parlait de ce refus de s'engager prématurément, une terrible envie de fumer s'emparait d'elle. Maggie, assise en face d'elle, se régalait dans ces moments-là et éclatait de rire quand survenait un imprévu, comme le jour où Minnie avait mis accidentellement le feu à l'un de ses faux ongles. L'envie de fumer de Minnie se dissipait aussi rapidement qu'elle s'était manifestée. Minnie se remettait à écrire une autre lettre et ne s'arrêtait que lorsqu'elle disait avoir mal aux yeux et qu'elle désirait aller se coucher.

Minnie et Maggie vivaient ensemble depuis presque un an. Elles étudiaient les mathématiques, l'anglais et l'économie domestique le jour. Le soir, elles apprenaient à mieux se connaître et finissaient par s'endormir après avoir ri un bon coup. Minnie trouvait Maggie facile à vivre et le lui disait. Maggie, pour sa part, disait s'amuser comme jamais auparavant.

À l'approche de Noël, les deux femmes s'excitèrent à l'idée d'un voyage dans leur famille pour le temps des Fêtes. Elles parlèrent de leurs projets une fois là-bas, puis discutèrent de ce qu'elles feraient à leur retour, c'est-à-dire leurs résolutions du Nouvel An, leurs projets pour l'interminable hiver à Ottawa, ainsi que pour l'année du centenaire du Canada, car on serait alors en 1967. Elles se sentaient privilégiées d'être dans la capitale nationale en cette occasion de célébration qui ne se répéterait que 100 ans plus tard. Elles savaient pertinemment que tous les enfants de leur coin de pays les envieraient. Elles prirent la résolution d'aller plus souvent au cinéma et de se trouver un emploi à temps partiel afin d'aller visiter l'Exposition universelle qui aurait lieu à Montréal, au printemps. À ces propos, les yeux de Maggie étincelaient, puis Minnie fit valoir que si elles n'allaient pas à Montréal pour l'Expo 67, elles pourraient toujours assister au feu d'artifice prévu sur la colline du Parlement en juillet. C'était gratuit.

Maggie n'était plus affligée par la crainte de ne pas s'intégrer dans le milieu, elle qui était débarquée à Ottawa toute timide et pleine d'appréhension à l'idée de faire de nouvelles rencontres. Elle s'était liée d'amitié avec la personne probablement la plus fantastique au monde, qui n'avait peur de rien ni de personne, surtout pas des Blancs qui, aux dires de Minnie, avaient également des qualités. Déjà, Maggie anticipait le plaisir des expériences qu'elles seraient appelées à vivre à leur retour du temps des Fêtes.

Elles se rendirent à Toronto à bord du même avion et, au moment de se séparer, se firent de tendres adieux. Observant Minnie trottiner, sur ses petites jambes, vers la porte d'embarquement pour Timmins, Maggie pensa combien c'était réconfortant de savoir qu'elle la reverrait dans quelques semaines.

Cependant, Minnie ne revint pas après le congé de Noël. Quelques semaines plus tard, Mme Demers avait loué sa chambre à une autre Autochtone nouvellement sortie d'une réserve.

Enquête du coroner — Témoignage : Maggie Bugden

R. : C'est à ce moment-là qu'elle a quitté Ottawa, et la première chose que j'ai su, elle était hospitalisée à Toronto.
Q. : Oui, oui.
R. : Elle était traitée pour un problème de vision, vous savez…

En 1967, Maggie reçut une lettre de Minnie qui lui expliquait sa disparition soudaine : elle avait dû se rendre à Toronto pour y subir des examens aux yeux. Puis, elle s'était trouvé un emploi à l'hôpital où elle suivait son traitement, qui consistait à stériliser des bouteilles. Sa mère, demeurant à quelques heures de distance, à Kingston, déprima grandement en apprenant les problèmes de vision de sa fille, car elle avait les mêmes. Minnie terminait sa lettre en invitant Maggie à venir la visiter à Toronto.

Maggie ignorait tout à fait que Minnie ou un autre membre de sa famille souffrait de tels problèmes. Elle se rappelait que Minnie se plaignait de douleurs aux yeux de temps à autre, mais elle croyait qu'il s'agissait davantage de fatigue que d'un problème médical sérieux. C'est alors que Maggie prit conscience que, malgré toute sa verve, celle qui lui avait si facilement ouvert son cœur était en réalité une personne très réservée.

Maggie répondit à Minnie en lui avouant qu'elle était contente d'avoir de ses nouvelles et qu'elle songeait à venir la visiter à Toronto.

Quelques lettres et quelques appels téléphoniques plus tard, Maggie décida de déménager à Toronto. Minnie vivait maintenant au centre-ville de Toronto, dans une maison de chambres avec deux Hongroises. Maggie put vivre avec Minnie jusqu'à ce que la logeuse, Mme Bianco, apprenne à mieux connaître Maggie et accepte de lui louer une chambre.

Maggie entreprit aussitôt de se trouver un emploi, confiante du fait que Minnie avait réussi à obtenir un poste à l'hôpital général de

Toronto. L'emploi tant espéré ne se fit pas attendre : elle fut affectée à un poste d'aide-infirmière au même hôpital. Comme leur horaire de travail différait, les deux femmes avaient de la difficulté à se voir le midi pour casser la croûte, ou le jour pour siroter un café. Elles avaient donc hâte de rentrer à la maison pour reprendre le temps perdu.

Dans cette maison de chambres, les filles devaient elles-mêmes préparer leurs repas. Plus souvent qu'autrement, elles allaient manger au restaurant Frian's, ou à l'un des autres restaurants du quartier ouverts la nuit, qui offraient pour une modique somme de copieux repas comprenant soupe et pouding au riz, un des desserts préférés de Minnie. Les autres fois, elles s'empressaient de chauffer une boîte de conserve, ce qui au moins réussissait à calmer leur appétit. Élevées dans des collectivités du Nord, elles avaient l'habitude de manger viandes et légumes en conserve. Les habitations étaient construites sur des terrains où abondaient sable, boue et cailloux, mélange peu propice à un potager. De plus, pour nombre d'Amérindiens, la chasse et la pêche comme moyens de subsistance étaient maintenant choses du passé.

Les fins de semaine, Minnie s'affairait autour de la cuisinière. Parfois, elle concoctait une grosse marmite de ragoût de bœuf ou encore une montagne de spaghetti aux boulettes de viande, bref des plats contenant ses champignons favoris qui dureraient le temps de deux ou trois repas et serviraient à remplir la panse de quiconque débarquerait chez elle à l'improviste.

Deux fois, au moins, Maggie et Minnie invitèrent des amis autochtones, y compris leur nouvelle copine, Mary Hill, à venir déguster l'un des fameux déjeuners amérindiens de Minnie. Pendant que celle-ci s'affairait à préparer le mélange pour le *bannock*, elle décrivait avec un enthousiasme qui amusait Maggie et Mary, des choses aussi simples que le mélange de farine, de sucre, d'œufs, de lait et de raisins. Une fois les trois femmes attablées, Minnie poursuivait allègrement en ne tarissant pas d'éloges sur ses « crêpes » et en affirmant que celles-ci étaient peut-être riches, mais qu'elle s'en fichait éperdument.

Maggie et Minnie se remémoraient régulièrement des souvenirs de leur séjour à Ottawa. Cependant, quelque chose différait de cette époque. Maggie avait noté certains changements chez son amie. Les plus évidents concernaient sa personnalité : en une soirée, elle pouvait manifester plus de sourires et de gentillesses que quiconque en un mois, mais elle agissait et parlait maintenant avec plus de réserve. C'était encore plus apparent lorsque, après le travail, elles sortaient pour aller manger ou prendre un café avec des amis. Les fins de semaine, toutefois, c'était tout autre chose.

Maggie savait que Minnie avait commencé à boire de l'alcool pendant son séjour à Waterloo, l'année précédant leur rencontre. Toutefois, jamais elle ne l'avait vue ivre à Ottawa. Par contre, durant la période qui s'était écoulée entre l'arrivée de Minnie à Toronto et la visite de Maggie, il était évident que Minnie et Mary Hill avaient fréquenté plusieurs bars et étaient même devenues des clientes assidues d'au moins un d'entre eux.

Cela dit, l'alcool n'avait jamais posé problème à Minnie dans son emploi. Chaque jour, elle se levait à 5 heures pile et abattait sa besogne quotidienne, faisant souvent fi des pauses-café et des heures de dîner. Après le travail, elle revenait directement à la maison et rendait visite à Maggie et aux autres filles, les divertissant et s'amusant jusqu'à ce que cette douleur aux yeux devienne insupportable. Elle finissait par s'excuser et gagnait sa chambre pour la nuit. Le seul bruit qu'on entendait alors était le ronflement irrégulier ou le juron occasionnel qu'elle laissait échapper en raison de la douleur qu'elle avait aux yeux.

Minnie se résigna à l'idée de recommencer les traitements, mais répugnait toujours à l'idée de subir une nouvelle séance d'injections où on lui perçait un trou dans la paroi de chaque œil, ce qui la rendait aveugle temporairement, parfois même pendant des heures. Le jour du traitement, Maggie demandait toujours à quitter tôt son travail pour pouvoir accompagner son amie à la maison en taxi. Pendant tout le trajet, Minnie ne cessait de pleurer de douleur et de maudire sa situation. Pour elle, ses yeux expliquaient l'absence d'un homme dans sa vie. Il lui arrivait souvent de parler de suicide. Lorsqu'elles arrivaient à la maison, Minnie allait directement dans sa chambre, après quoi elle ingurgitait quelques comprimés et se laissait choir sur le lit. Le lendemain, dès 5 heures, elle était prête à reprendre le boulot.

La fin de semaine, Minnie considérait qu'elle n'avait plus aucun compte à rendre, surtout en raison du martyre qu'elle endurait. Ainsi, du vendredi soir au dimanche matin, elle faisait la fête, buvait, sortait avec les hommes qui lui plaisaient et oubliait aussi bien son emploi que l'état de ses yeux qui s'aggravait. Dès lors, elle cessait d'être *Minniesish*, qui signifiait petite Minnie, celle qui déambulait dans tout Kashechewan, les bras serrés autour d'elle, affichant un sourire radieux au-delà duquel, quand on y regardait de près, se révélait une tout autre personne. Après avoir bu quelques bières et une fois allongée près d'un homme, Minnie devenait alors la femme qu'elle avait toujours rêvé d'être : belle, désirable et insensible à la douleur.

Quelques mois plus tard, peu de temps après que Maggie eut changé d'emploi et qu'elle eut commencé à travailler comme commis pour la Ville de Toronto, Minnie déménagea de nouveau ses pénates, mais cette fois-ci, pour plus de 12 mois. Elle réapparut en septembre 1969, enceinte de sept mois et accompagnée de sa mère, Maggie, et de sa petite sœur, Linda. Elle revenait en ville pour subir une opération de la cataracte.

Malgré son excitation du fait qu'elle attendait un enfant, Minnie avait l'air maussade, presque défait. Même une fois installée dans un joli appartement situé près de l'hôpital, elle semblait agitée, pressée de partir, mais en même temps déterminée à rester. Après avoir accouché de Roseanne, elle resta à la maison pendant plusieurs mois, puis entreprit de chercher un emploi, sachant très bien la difficulté d'une telle entreprise alors que son bébé la tenait éveillée pratiquement toute la nuit. Cependant, elle savait fort bien que c'était là le seul moyen de se remettre en selle et de prouver à sa mère qu'elle était capable de prendre soin de sa fille.

Cette manifestation de femme responsable ne réussissait pas toujours à convaincre la mère de Minnie qui laissait généralement libre cours à sa nature contrôlante. Même si elle s'était résignée à l'idée que sa fille avait répété la même erreur qu'elle en tombant enceinte alors qu'elle était célibataire, Maggie n'en demeurait pas moins déçue et ne pouvait s'empêcher de croire que Minnie serait tout aussi irresponsable dans son rôle de mère que dans la gestion des autres aspects de sa vie. Ces préjugés n'aidaient guère Minnie qui, tout en faisant l'apprentissage de la maternité, essayait de se trouver un emploi convenable. Enfin, Minnie arrêta de chercher l'emploi idéal et prit la décision d'accepter n'importe quoi : préposée aux bénéficiaires dans un centre d'accueil, sollicitation au téléphone, plongeuse, préposée au bingo, n'importe quel emploi qui lui rapporterait un peu d'argent et lui permettrait de se soustraire aux commentaires désagréables de Maggie à propos de sa qualité de mère et de ménagère, de son penchant pour la bouteille, ou de ses autres défauts.

L'opération de la cataracte ne réussit pas à régler les problèmes de Minnie qui, au contraire, s'aggravèrent. On l'informa qu'elle devait continuer à subir les injections qui lui répugnaient tant, et qu'elle aurait peut-être besoin d'une autre opération pour éviter de perdre l'usage d'un œil. Les lunettes à double foyer dont on l'affligea par la suite étaient devenues le rappel inéluctable de son état, surtout lorsque Minnie se regardait dans un miroir.

Pour Minnie, il devenait de plus en plus difficile d'afficher cette confiance en elle qui la caractérisait auprès de ses amis et de ses connaissances. Puis, survinrent ses problèmes de glande thyroïde qui la laissaient le visage boursouflé des heures, voire des jours durant. Elle était alors en proie à une vive déprime, préférant demeurer chez elle plutôt que de se montrer ainsi en public. Les choses se compliquaient lorsqu'elle devait aller travailler ou faire des courses. Il lui arrivait à l'occasion de demander à sa mère de sortir pour elle, mais Maggie hésitait à laisser Roseanne seule avec Minnie, ce qui attristait davantage cette dernière. L'attitude de sa mère à son égard et son état de santé la frustraient à un point tel qu'il lui arrivait de quitter l'appartement en coup de vent, après avoir enfilé un énorme chapeau pour éviter que ses lunettes à double foyer n'attirent l'attention et un épais foulard pour dérober au regard de tous la partie inférieure de son visage bouffi. Elle amenait sa sœur Linda, une jolie petite Amérindienne de huit ans, qui réussissait généralement à détourner l'attention des gens, du moins le temps qu'il fallait pour payer à la sauvette et quitter au plus vite le magasin avec l'aide de Linda pour transporter les nombreux sacs d'épicerie.

Minnie et Maggie Bugden demeurèrent en contact dans la mesure du possible. Avant le retour de Minnie à Toronto, Maggie avait quitté son emploi à la Ville et était déménagée à Scarborough, plus près d'où elle travaillait alors comme commis chez un fabricant de roulements à billes. Minnie et sa famille habitaient l'ouest de la ville, et c'était mieux ainsi, car Minnie n'aimait pas recevoir ses amis lorsque sa mère se trouvait dans les parages.

Il arrivait à Minnie et à Maggie de casser la croûte ensemble, bien que leurs rendez-vous fussent plus ponctuels que réguliers. Minnie commença à consacrer de plus en plus de temps à Mary Hill et à Beatrice Jonah, sa première colocataire à Ottawa, qui était également en ville. Lorsque les trois femmes faisaient la tournée des grands-ducs, Maggie avait l'impression d'être de trop et que sa présence avait l'effet d'une douche froide.

Même si les comportements de Minnie frustraient Maggie, elle aimait quand même voir Minnie quand celle-ci était de bonne humeur. Toutefois, Minnie trouvait de plus en plus sa source de gaieté dans l'alcool, ce qui les éloignait l'une de l'autre. Il arrivait souvent à Maggie d'apercevoir Minnie dans la rue, se déplaçant à vive allure sur ses petites jambes, comme c'était son habitude. Maggie se dépêchait d'aller la rejoindre et se plaçait directement devant elle, sachant que de côté Minnie ne voyait rien. Maggie était tout excitée de surprendre sa vieille amie, mais cette joie disparaissait aussitôt que Minnie, baragouinant à peine un allô, regardait par-dessus la tête de Maggie comme si elle était à la recherche d'un autobus ou d'un tramway, et finissait par s'éloigner sans ajouter un mot.

En 1971, Minnie, sa fille, sa mère et sa sœur quittèrent Toronto pour aller à Moose Factory. Peu de temps après, Maggie reçut une lettre de Minnie qui l'informait que sa mère avait subi une attaque d'apoplexie et que son père s'était vu offrir un poste de concierge dans une école de Kashechewan, une réserve indienne crie située près de Fort Albany. De plus, Minnie racontait qu'elle demeurerait à Moose Factory avec sa fille Roseanne en attendant qu'on lui bâtisse une maison dans la réserve.

L'année suivante, Maggie déménagea à Ottawa et perdit contact avec plusieurs bons amis. Elle se demandait ce qui advenait de Minnie qui, une fois déjà, était réapparue dans sa vie après une absence qu'elle avait crue définitive.

Des années s'écoulèrent durant lesquelles, elle ne reçut aucune lettre en provenance de Kashechewan, et Maggie se demandait si la famille de Minnie avait fini par s'installer à cet endroit. Dix ans plus tard, elle se posait toujours la même question, mais Minnie Sutherland n'était plus qu'un doux et vague souvenir. Pour elle, Minnie vivait mariée quelque part, avec cinq enfants accrochés à ses jupes, et racontant ses célèbres histoires qu'elle n'oublierait jamais.

Chapitre X

Sauvée !

*Elle disait que les hommes
qui couchaient sur les bancs publics
prendraient soin d'elle.*
Maggie Bugden

Tout juste avant Noël 1986, une lettre affligeante de Minnie parvint à Maggie. Datée du mois de septembre et portant une adresse à peine lisible, la lettre s'était rendue jusqu'en Jamaïque avant de finalement atterrir à Chisasibi, réserve située dans le nord du Québec, où vivaient maintenant Maggie et sa famille.

Maggie voulut aussitôt lui téléphoner, mais Minnie n'avait laissé aucun numéro de téléphone et son nom n'apparaissait pas dans l'annuaire téléphonique de Toronto. Elle replongea dans ses souvenirs et le nom d'Evelyn Mark refit surface. Elle n'avait pas parlé à Evelyn depuis 20 ans, mais n'eut aucune difficulté à trouver son numéro de téléphone grâce à l'assistance-annuaire. Elle joignit alors Evelyn, qui n'avait pas eu de nouvelles de Minnie depuis des lustres, et lui donna de ses nouvelles.

Minnie avait été expulsée d'une maison de chambres de la rue Church, à Toronto. Maintenant sans-abri, elle trouvait refuge chez quiconque voulait bien l'accueillir, ou encore couchait sur un banc dans un des parcs situés à l'arrière de la rue Yonge. Elle était devenue amie avec des sans-abri qui mendiaient dans un secteur achalandé de la rue Yonge, situé entre les rues Dundas et Queen. Elle avait eu une autre fille, Violet, maintenant âgée de huit ans, qui vivait chez sa sœur Linda et la famille de celle-ci, à Kash. Roseanne avait maintenant 18 ans et fréquentait l'école à Timmins. Minnie avait de la difficulté à rester sobre, mais ne voulait rien entendre d'un retour à la maison. Sa vue baissait et elle était vraiment désespérée. Elle demandait à Maggie de venir la retrouver pour qu'elles vivent ensemble.

Au téléphone, Maggie et Evelyn finirent par s'entendre sur la façon de lui répondre : Evelyn lui ferait parvenir une lettre par l'intermédiaire d'un ami autochtone à Toronto, à qui elle demanderait de communiquer avec James Froh, le pasteur de la paroisse autochtone. Elles avaient la conviction que, malgré son état, Minnie demeurait en contact avec la communauté autochtone ainsi qu'avec James. Si ces efforts devaient être vains, l'ami d'Evelyn se rendrait rue Yonge et demanderait aux Autochtones qui y vivaient s'ils connaissaient une petite femme crie affublée de lunettes épaisses.

Minnie reçut la lettre de Maggie en janvier 1987. Elle avait alors renoncé à la bouteille, vivait dans une maison de chambres avec quelque 20 autres personnes et suivait un cours de marketing. Dans la lettre, ses amies lui faisaient part de leur inquiétude devant sa situation et lui conseillaient vivement de quitter Toronto dès que possible, même au prix de retourner vivre avec sa mère et sa sœur à Kashechewan. Par ailleurs, elles lui assurèrent qu'elle était la bienvenue à Ottawa : Evelyn y habitait et Maggie s'apprêtait à y déménager de nouveau.

Minnie écrivit à Evelyn, l'informant qu'elle irait à Ottawa dès qu'elle aurait terminé son cours, soit dans quelques mois.

Enquête du coroner — Témoignage : Maggie Bugden

R. : … l'état de sa vision empirait et quand elle est déménagée à Ottawa, elle m'a dit qu'elle ne voyait que d'un œil, qu'elle avait perdu l'autre.

Q. : Oui, oui.

R. : Et elle m'a dit qu'elle n'avait pas de pupille à l'autre œil…

Q. : Oui, oui.

R. : … ou quelque chose comme ça, et que ses yeux… que ses lunettes étaient la seule chose qui lui permettait de voir.

Depuis qu'elle avait vu Minnie pour la dernière fois, Maggie avait élevé sa fille, Cita. Maintenant âgée de 14 ans, Cita vivait avec sa mère à Ottawa, dans un petit studio tout juste assez grand pour elles deux. À l'époque, Maggie venait de s'inscrire à un cours de traitement de texte d'une durée de 10 mois.

Evelyn possédait sa propre maison à Vanier, si bien que Maggie et elle convinrent que Minnie y demeurerait jusqu'à ce qu'elle trouve un logement. Les deux femmes n'ignoraient pas l'ardent désir d'indépendance que nourrissait Minnie. Elles savaient également que les efforts que celle-ci avait déployés pour y parvenir n'avaient pas toujours été couronnés de succès, et que si Minnie demandait de l'aide, c'est qu'elle se trouvait dans une situation vraiment désespérée. Aussi, Maggie et Evelyn savaient qu'à son arrivée, elles auraient à lui préciser qu'il s'agissait d'un arrangement temporaire, jusqu'à ce que Minnie se remette sur pied.

Minnie arriva plus tard que prévu, soit la dernière journée d'octobre 1987. Elle avait l'air las et aigri et affichait très peu de cette fierté qui avait fait l'admiration de Maggie et d'Evelyn à une certaine époque. Finis les beaux vêtements, les beaux briquets de laiton et les parfums Avon. Elle n'était plus qu'une Amérindienne de 40 ans, qui en avait l'air de 50, sanglée dans de vieilles étoffes grises d'occasion, un petit sac de vinyle et une vieille valise à la main, affublée de lunettes noires à double foyer qui couvraient près de la moitié de son visage arrondi, cireux.

Néanmoins, Maggie et Evelyn l'accueillirent avec le plus d'enthousiasme possible, conscientes que Minnie avait diamétralement changé depuis le temps et qu'en plus, elle était sensible à leur malaise. Au terminus d'autobus, elles causèrent un certain temps, puis se dirigèrent vers la rue Bank, où les deux femmes l'invitèrent à dîner. Minnie mentionna qu'elle trouvait Ottawa plus conservatrice que Toronto. S'enfonçant dans son siège et souriant d'un air entendu, Minnie remercia ses deux amies silencieuses de lui avoir permis de venir.

Puis, toutes trois retournèrent par autobus à la maison d'Evelyn. Le trajet, si familier pour Minnie, éveilla en elle une foule de souvenirs et suscita une série de questions : « Le trou à rats est-il toujours ouvert ? » demanda-t-elle, en faisant référence au cinéma Rialto qui, à l'époque, était infesté de rats qui filaient dans les allées sous les feux du projecteur. « N'était-ce pas là l'endroit où se situait le Oak Door ? » se rappelant aussitôt les prouesses sexuelles d'un gars qu'elle y avait rencontré. « Où est le restaurant Mocambo ? » s'informa-t-elle en le cherchant à travers la fenêtre de l'autobus. Evelyn lui répondit que les propriétaires avaient vendu l'établissement quelques années auparavant, lorsque leur fille adolescente, en route vers la Floride, avait péri dans un accident de voiture. Minnie garda le silence pendant un instant, puis marmonna qu'elle aimerait amener Violet avec elle en Floride un jour.

Une fois rendues chez Evelyn, elles entreprirent de se mettre au courant des nouvelles de leurs patelins. Minnie parla avec enthousiasme de sa meilleure amie à Kash, Christy Wesley. Elle les informa que sa fille aînée, Roseanne, était enceinte, puis leur montra fièrement des photos récentes de Violet. Elle ajouta quelques mots au sujet de sa mère, puis de son père qui se mourait d'un cancer. Après un bref silence inconfortable, elles poursuivirent la conversation en parlant du marché du travail à Ottawa.

Evelyn était actuellement en chômage et n'était donc pas bien placée pour conseiller Minnie dans sa quête d'un emploi. Par contre, Maggie voyait toutes les possibilités qu'offrait le monde de l'informatique. Toutefois, les compétences de Minnie étaient plutôt de nature sociale, et pas du tout techniques. Sa vue ne la prédisposait guère, même avec des lunettes, à la saisie de données par clavier ni à fixer un écran d'ordinateur toute la journée.

Le gardiennage d'enfants était hors de question. Ce travail ne pourrait que la déprimer davantage. Non, ce n'était pas pour elle. Elle éprouvait déjà un sentiment de culpabilité de n'avoir pu s'occuper de ses propres enfants. Même rassurée par ses amies au sujet de son amour pour ses enfants et de la possibilité qu'un jour Violet vienne vivre avec elle, les années de harcèlement imposé par sa mère avaient marqué Minnie à un point tel qu'elle doutait sérieusement de ses qualités de mère. Evelyn et Maggie reconnurent que Minnie n'éprouverait aucune satisfaction à s'occuper d'enfants autres que les siens, même si ça rapportait de l'argent.

Minnie était tout à fait consciente de ce que représentaient ses troubles oculaires sur le plan esthétique et pratique. Elle était titulaire d'une carte de l'Institut national canadien pour les aveugles, servant uniquement à lui garantir des prestations d'aide sociale ainsi que des privilèges de transport en commun. Pour Minnie, cette carte ne servait pas à grand-chose d'autre que de l'étiqueter comme *handicapée*. Il n'était pas question pour elle de vivre en marge ou aux crochets de la société. Elle désirait travailler.

Enquête du coroner — Témoignage : Maggie Bugden

R. : Elle manquait de confiance pour aller se chercher du travail, à cause de sa vision, vous savez... Aussi lui ai-je dit : « Je vais aller avec toi et t'appuyer ; jetons donc un coup d'œil à ces petites fiches que nous avons là. » C'est ainsi qu'elle a posé sa candidature à un poste d'aide aux bénéficiaires, et je crois que c'est le ministère de la Main-d'œuvre qui a donné son accord pour le programme Salem, dans lequel elle a suivi un cours lui permettant de retourner sur le marché du travail. Puis, après avoir réussi le cours, elle a travaillé au centre Dalhousie.

L'accès de Minnie au marché du travail marqua son retour dans la société. En peu de temps, Minnie téléphona à tous ceux dont elle se souvenait depuis son dernier séjour à Ottawa et reprit contact avec les gens qu'elle avait connus à Kash, y compris sa cousine Doreen Milbury et, son mari, Tim, ainsi que Joyce Wesley, la sœur de Doreen. Elle commença à travailler au Centre des services de santé et d'action communautaire Dalhousie, et le samedi suivant, en compagnie de Doreen et de quelques autres femmes, célébra son nouvel emploi en s'adonnant à son passe-temps favori, le bingo.

Quelle joie d'être de retour à Ottawa !

Chapitre XI

Silence rompu

J'ai téléphoné à Joyce et lui ai dit :
« Elle n'est toujours pas rentrée. » C'est alors que Joyce
m'a raconté sa version des faits.
Doreen MILBURY

EN CE DÉBUT de janvier 1989, s'ils avaient été mis au courant de la situation de Minnie, tous ceux qui avaient eu la chance de la connaître, que ce soit au travail ou lors de rencontres sociales, se seraient précipités à son chevet, à l'Hôpital général d'Ottawa. Mais la plupart d'entre eux ne l'avaient pas vue depuis des mois, soit depuis qu'elle avait perdu son emploi au centre Dalhousie. Même ses amies intimes, Evelyn, Maggie et Doreen, ignoraient tout à fait qu'elle se trouvait à l'hôpital.

Une des travailleuses sociales à l'hôpital avait passé trois jours à chercher un proche parent de Minnie. Tout ce dont elle disposait était le dossier d'admission où figuraient le nom de Minnie, ceux de deux médecins qu'elle avait déjà consultés, l'un à Toronto et l'autre à Moose Factory, ainsi qu'une liste de ses effets personnels, à savoir un manteau, une tuque, quelques vieux vêtements défraîchis et un sac à main. Ce sac à main, que Minnie avait en sa possession à son arrivée au service d'urgence, avait disparu.

Les deux médecins que Minnie avait vus ces dernières années furent incapables de fournir des renseignements utiles sur les allées et venues de sa famille. Elle les avait effectivement consultés, mais les numéros de téléphone et les adresses de réexpédition qu'elle leur avait laissés ne menaient nulle part.

La travailleuse sociale s'adressa à l'assistance-annuaire de plusieurs villes du Nord où vivaient les Autochtones habituellement, avec comme seul indice le nom de Minnie Sutherland. Elle finit par parler à une dénommée E. Sutherland qui vivait à Moosonee. La voix timide à l'autre bout du fil eut tôt fait d'informer la travailleuse sociale qu'elle n'était qu'une parente éloignée de Minnie Sutherland. Par ailleurs, elle savait que la fille de Minnie, Roseanne, demeurait à Timmins.

Jointe au téléphone, Roseanne fut stupéfaite en apprenant la nouvelle. « Votre mère a été trouvée dans un banc de neige. » Elle savait que sa mère souffrait de diverses maladies depuis longtemps, mais cette fois-ci, la situation semblait vraiment sérieuse. « Elle se trouve à l'unité des soins intensifs », l'informa-t-on. S'agissait-il d'une attaque d'apoplexie ? D'une crise cardiaque ? « Vous désirez peut-être venir la voir. » Roseanne savait que sa mère ne se laissait pas abattre aussi facilement. Elle ne tarderait sûrement pas à quitter l'hôpital, racontant à tout le monde qu'elle se sentait très bien et que, Dieu merci, elle avait maigri de cinq livres.

Roseanne téléphona à sa tante Linda pour l'informer de ce qui se passait — *Linda saurait quoi faire.*

Après avoir discuté de la situation, la famille décida que Linda et son mari, John, se rendraient à Ottawa. Tous estimaient que Roseanne, avec son enfant, en avait plein les bras, d'autant plus que la période des examens scolaires allait commencer. Quant à Sidney, le frère aîné de Minnie et de Linda, il était propriétaire d'un magasin et, de toute façon, ne mettrait jamais les pieds dans un avion. Pour ce qui est de sa mère, Maggie, elle sortait tout juste du deuil de son mari, Bart, mort à l'automne ; de plus, elle attendait un appel de l'hôpital de Moose Factory pour y subir l'amputation d'une jambe gangreneuse. Qui plus est, elle était aveugle.

Linda téléphona à sa cousine, Doreen, à Ottawa, pour l'informer que Minnie était à l'hôpital. Stupéfiée, Doreen déclara avoir parlé à sa sœur, Joyce, la veille. Celle-ci lui avait raconté combien elle et Minnie s'étaient amusées à l'hôtel Claude, la nuit du jour de l'An, sans jamais mentionner que Minnie était malade. Par contre, on savait maintenant pourquoi il n'y avait personne à l'appartement de Minnie le jour de l'An et le 2 janvier — Minnie ne s'était donc pas enfuie avec un Chinois, finalement !

Doreen confirma à Linda que son mari, Tim, irait les chercher, elle et John, à l'aéroport. Puis, elle téléphona à Joyce pour l'informer que Minnie se trouvait à l'hôpital et lui demanda si elle avait remarqué quelque chose d'anormal la veille du jour de l'An. Joyce répondit seulement que Minnie était pas mal saoule ce soir-là.

Minnie demeura inconsciente plusieurs jours après son admission à l'hôpital. Au cours de cette période, le Dr Paul Hébert, interne principal, ainsi qu'un autre interne exigèrent de nombreuses analyses de sang. Après avoir examiné les résultats, ils exclurent toute possibilité de surdose, explication qui se serait avérée tout à fait plausible pour une personne trouvée inconsciente dans un banc de neige, la veille du jour de l'An.

On procéda à une scanographie. Selon le Dr Hébert, les résultats semblaient normaux, mais le neurochirurgien de service, le Dr Jean-Maurice Dennery, n'était pas du même avis, ayant décelé une sténose, c'est-à-dire un rétrécissement du canal qui relie l'avant et l'arrière du cerveau et qui sert à la circulation du liquide cérébro-rachidien.

Sachant très bien que le Dr Dennery voulait d'autres examens, le Dr Gabriel Khan, médecin en chef de l'unité d'urgence en ce 2 janvier, lui transféra le cas. Il demanda également au D^{re} Gwynne Jones, coordonnatrice de l'unité des soins intensifs de l'hôpital, d'y transférer Minnie.

La cause de la maladie de Minnie laissait le D^{re} Jones et son équipe perplexes. Certes la quantité d'alcool trouvée dans son sang semblait avoir contribué à son état, mais pas à ce point. Son sang avait également une faible quantité de phénobarbital, ce qui signifiait peut-être que Minnie prenait un médicament anticonvulsion. Avait-elle mal suivi la posologie ? L'absence de diagnostic soulevait d'autres questions encore.

Enquête du coroner — Témoignage : D^{re} Gwynne Jones

R. : Il était question de diabète. On a vu des changements à l'intérieur des yeux et, bien que son taux de glycémie ne fût pas élevé, il restait à savoir si un changement de taux de glycémie aurait pu causer cela.

De plus, les échantillons prélevés du liquide enveloppant le cerveau étaient anormaux ; on y constata la présence de globules rouges qu'on interpréta alors comme un trauma causé par la pénétration de l'aiguille, ce qui aurait pu être le cas.

D'une part, la présence de globules blancs laissait planer la possibilité d'une méningite. D'autre part, nous avions l'avis du Dr Dennery

disant que les ventricules — les cavités contenant le liquide rachidien — étaient très dilatés, et qu'il s'agissait fort probablement
d'un rétrécissement du tube de drainage, de l'aqueduc, ce que le
Dr Khan considérait comme étant probablement une malformation congénitale, et que la dilatation de ces ventricules, plus la
pression qui en a découlé, avait causé le problème. Toutefois, il est
aussi possible que cette condition ait été présente depuis plusieurs
années et qu'une infection ou des convulsions aient pu être le
déclencheur ayant amené la patiente dans cet état.

Q. : Très bien.

R. : En considérant les changements à l'intérieur des yeux, la possibilité de diabète et peut-être un décollement des rétines causé par le
traitement laser, on a eu l'impression que la patiente… les diabé-
tiques et les gens d'origine amérindienne ont une prédisposition
plus marquée à la tuberculose. Pour cette raison, la tuberculose des
méninges était du domaine du possible, ce qui aurait pu, bien sûr,
causer la sténose de l'aqueduc ; et elle a donc été traitée à ce
moment-là pour une méningite probable, car on a pensé que
c'était peut-être entièrement attribuable à la sténose de l'aqueduc ;
nous ne pouvions alors passer à côté de ce diagnostic.

Patrick Smith et Michel Filion, deux des trois étudiants d'université qui avaient été témoins de l'accident de Minnie, se préparaient
pour un voyage à Acapulco, prévu depuis plusieurs mois. Le congé de
Noël était terminé et on affronterait bientôt les gros froids de l'hiver.
Ceux qui n'avaient pas les moyens de se payer un voyage dans le Sud
enviaient ceux qui, comme Patrick et Michel, revenaient une semaine
plus tard, le teint bronzé.

Patrick pensait souvent à l'incident survenu à l'extérieur du
J.R. Dallas la veille du jour de l'An. Son souvenir de cette soirée était
imprégné de la rage qu'avait provoquée chez lui la façon dont les policiers avaient traité Minnie. Pourtant, son ami Michel avait dû lui rappeler leur promesse, faite trois jours plus tôt, de téléphoner à Joyce.

Joyce était sortie lorsque Patrick lui téléphona le matin du 3 janvier. Selon son mari, Billy, elle serait de retour en soirée.

Après s'être présenté, Patrick expliqua le but de son appel en lui
racontant que lui et des amis s'étaient rendus à Hull la veille du jour de

l'An, avaient vu Minnie se faire heurter par une voiture qui circulait rue Principale et avaient aidé Joyce à l'emmener dans un restaurant. Billy lui répondit que lui et Joyce venaient tout juste d'apprendre que Minnie se trouvait à l'hôpital, dans un état grave. Sa sœur, Linda, arrivait de la baie James par avion pour la voir. Il ignorait de quel hôpital il s'agissait, mais peut-être que Joyce le savait. Il sembla surpris d'apprendre qu'un accident s'était produit.

Au retour de Joyce à la maison, Billy l'informa qu'un dénommé Patrick Smith avait appelé. Était-ce vrai que Minnie avait été frappée par une automobile?

Patrick rappela un peu plus tard et s'entretint avec Joyce. Elle confirma qu'effectivement, Minnie se trouvait à l'hôpital et que son état était apparemment grave. Patrick demanda à Joyce si elle avait appelé une ambulance ce soir-là et elle répondit que non. Il lui demanda si elle avait visité Minnie à l'hôpital ou si elle était sur le point de le faire et Joyce répondit non une seconde fois; elle ne savait même pas de quel hôpital il s'agissait. L'hôpital était-il au courant que Minnie avait été heurtée par une automobile? Joyce l'ignorait.

Enquête du coroner — Témoignage : Patrick Smith

R. : … J'ai, comment dire, une sorte de répertoire de tous les hôpitaux; j'ai donc commencé à téléphoner aux hôpitaux et… j'ai retrouvé sa trace à l'Hôpital général. C'est là que ça se passait… en fait, une infirmière… j'ai abouti à son étage… ils m'y avaient transféré; j'ai téléphoné… je parlais à cette infirmière et elle m'a dit, comment dire, elle a capoté parce qu'elle ne pouvait croire que je savais exactement ce qui était arrivé à Minnie, vous savez… elle a dit, comment dire… et de toute façon, j'ai dit : « Oui, elle a été frappée par une voiture à Hull. »

L'information que possédait Patrick n'aida pas à déterminer ce qu'avait Minnie et n'expliquait pas pourquoi, après quatre jours, elle était toujours sans connaissance. Toutefois, cela convainquit les médecins de cesser leurs traitements contre la tuberculose et la méningite.

Minnie subit un nouvel examen permettant de vérifier si elle avait d'autres blessures. Le personnel de l'hôpital lui fit de nombreux examens aux rayons X à la colonne vertébrale et aux membres, mais aucun signe de trauma apparent ne fut décelé. Le risque de trauma à la tête expliquait mieux le diagnostic vers lequel on tendait : le rétrécissement du canal cérébral existait probablement depuis longtemps, mais le traumatisme avait produit une enflure.

Après le 4 janvier, l'état de Minnie commença à s'améliorer progressivement. Elle ne redevint pas pleinement consciente, mais elle se mit à réagir à divers stimuli. Lorsque Linda arriva le 6 janvier, elle apprit les détails entourant l'arrivée de sa sœur à l'hôpital. Minnie remua les lèvres et Linda crut déchiffrer un inaudible « allô ». Elle respirait également plus facilement, mais demeurait branchée à un respirateur, et ce, depuis son admission.

Le lendemain, Minnie réussit à ouvrir les yeux. Elle essaya de produire quelques sons, mais n'exprima guère plus qu'un gazouillement étant donné le tube qui descendait dans sa gorge. Du fait qu'elle tentait de parler et que soudainement sa respiration augmentait, John et Linda étaient sûrs que Minnie était très contente de les voir. Sachant que Minnie réussissait toujours à voir le bon côté des situations difficiles, ils se demandaient ce qu'elle pensait actuellement : les médicaments et les appareils en moins, elle aurait sûrement poussé quelques exclamations concernant le pétrin dans lequel elle s'était mise cette fois.

Le D^{re} Jones discuta avec le Dr Dennery de la possibilité de retirer Minnie de l'unité des soins intensifs au cours des prochains jours. Ce dernier était d'accord, à condition que l'on continue d'étudier les conséquences de l'accident sur ce qu'ils considéraient être un problème congénital au cerveau.

Les médecins confirmèrent à Linda que l'état de Minnie était grave, mais probablement pas mortel. Le lendemain, lorsqu'elle revint visiter sa sœur, elle mit en doute ce pronostic, car depuis leur arrivée, 24 heures plus tôt, Minnie reprenait vraiment du mieux, du moins suffisamment pour que Linda décide qu'il était temps pour elle et John de rentrer chez eux. Tous deux avaient des emplois, John à l'aéroport de Kash et elle, au conseil scolaire de la réserve. De plus, les attendaient leurs quatre enfants et Violet qui, en leur absence, vivaient avec l'une des sœurs de John. Il y avait également Maggie qui les inquiétait probablement le plus parce que déterminée à se débrouiller seule, elle refusait de quitter la maison en leur absence. Or, elle dépendait de la présence des siens pour lui tenir compagnie et faire ses courses.

Avant leur départ, Linda affirma qu'elle reviendrait s'occuper de Minnie lorsque celle-ci recevrait son congé de l'hôpital. Cette idée avait commencé à germer dans son esprit dès l'instant où elle avait aperçu Minnie clouée au lit d'hôpital : Minnie avait perdu son courage habituel, sa faculté de sourire dans les circonstances les plus difficiles. C'est à ce moment-là que Linda prit conscience qu'un changement s'imposait si Minnie devait survivre dans un monde auquel elle tenait tellement.

Linda savait également qu'à moins de l'attacher et de la bâillonner, il était inutile de chercher à convaincre Minnie de vivre à Kash, malgré son état. Elle savait aussi que tant qu'elle pouvait bouger ses petites jambes trapues, Minnie avait ce qu'il lui fallait pour quitter Kash et s'éloigner de sa mère. Linda n'était pas prête à abandonner sa grande sœur aux leurres de la ville et elle en vint à la conclusion que Minnie avait besoin d'une grande sœur dès maintenant. Elle et John ainsi que les enfants n'auraient tout simplement qu'à venir s'installer à Ottawa.

Linda salua tendrement Minnie et retint ses larmes jusqu'à la porte. John demeura dans la chambre un peu plus longtemps, pensant à la façon dont les autorités avaient traité cet être si cher, maintenant couché dans un lit d'hôpital.

Il posa à Minnie quelques questions, lui demandant de serrer sa main une fois pour répondre *oui* et deux fois pour répondre *non*. « Sais-tu où tu te trouves ? » Un serrement. « Sais-tu quel jour nous sommes ? » Deux serrements. « Sais-tu que tu as été heurtée par une voiture ? » Un serrement.

Tenant toujours la main de Minnie, il lui demanda si elle savait qu'on lui avait fait du tort. Cette fois-ci, elle acquiesça d'un signe de la tête.

Chapitre XII

Échos

Il n'y a pas eu de diagnostic général.
Notre rôle, à ce moment-là, consistait à l'aider
le plus possible, pour qu'elle guérisse.
D^{re} Gwynne Jones

L E SOIR précédant le départ de John et de Linda pour Ottawa, la nouvelle de la maladie de Minnie et des circonstances entourant son admission à l'hôpital s'était répandue comme une traînée de poudre à Kashechewan. L'appel d'urgence effectué à Air Creebec, suite auquel deux passagers ayant déjà leurs réservations furent transférés sur un autre vol, était devenu le principal sujet de conversation à Kash.

Dans de nombreuses collectivités autochtones, quand on apprend qu'un des siens est à l'hôpital, la surprise est habituellement ni plus ni moins grande que si on apprenait qu'il est en prison. Il arrive tellement souvent que des proches reviennent d'endroits comme Toronto, Ottawa ou Winnipeg avec de troublantes histoires de négligence et de préjugé. On ne s'étonne plus depuis longtemps que des personnes se retrouvent à l'hôpital ou en prison après être parties à l'aventure dans ces villes.

Toutefois, les habitants de Kashechewan ne réagissaient pas ainsi. De fait, si Linda avait eu à annoncer que Minnie revenait à Kashechewan pour sa convalescence, la nouvelle aurait causé tout un émoi ; les villes comme Ottawa jouissant de meilleures installations médicales que des villages comme Moose Factory, Moosonee et, à plus forte raison, Kashechewan avec son petit poste d'infirmerie.

Les résidants de Kash, tout en condamnant les forces du mal qui habitaient la ville, ne fermaient certes pas les yeux sur ses avantages.

D'une part, ils étaient convaincus que tant que Minnie demeurerait dans un établissement urbain, elle recevrait de meilleurs soins médicaux que n'importe où ailleurs. D'autre part, ils croyaient tous qu'aussi longtemps qu'elle continuerait à vivre dans une des grandes villes du Canada, qui avaient toutes la réputation de traiter les Autochtones différemment des Blancs, sa situation serait précaire.

Lorsque les Wynne rentrèrent à la maison le lendemain soir, c'est le surveillant à la barrière de l'aéroport qui fut le premier à apprendre que : « Minnie va s'en sortir ! » Et le message ne tarda pas à se répandre dans toute la collectivité, d'abord grâce à ceux venus chercher des passagers du même vol, puis aux employés de l'aéroport qui, une fois l'avion atterri, n'avaient plus rien à faire et pouvaient discuter entre eux. On en parlait également dans les divers dépanneurs où passagers et employés de l'aéroport s'arrêtaient pour acheter une boisson gazeuse, des croustilles et d'autres produits de base nécessaires à la vie dans la réserve.

La plupart des gens éprouvèrent un vif soulagement en apprenant que l'état de Minnie s'améliorait, surtout une fois que Linda eut décrit les bons soins que l'Hôpital général d'Ottawa semblait prodiguer à sa sœur. Les aînés de Kash quant à eux, remercièrent Dieu ainsi que Linda et John pour être allés vérifier la situation.

Lorsque la mère de Minnie apprit la bonne nouvelle, toute la tension et toute la charge émotive accumulées au cours des dernières 24 heures disparurent soudainement. Soulagée par-dessus tout, Maggie le manifesta en leur offrant de prendre le thé et de discuter de ce qu'il fallait maintenant faire. Malgré sa fermeté et parfois son attitude déplaisante, Maggie pouvait créer une atmosphère chaleureuse et agréable dans la maison. Ce soir-là, elle raconta l'histoire de personnes malades qui avaient guéri, chanta des airs familiers, puis amena tout le monde à apprécier leur vie de famille.

Christy Wesley téléphona à l'instant même où Linda franchit la porte. Quelque 10 minutes après l'arrivée prévue du vol de Timmins, de son perron, Christy avait entendu un camion passer. Quelqu'un du village l'avait déjà informée du retour de John et Linda à la maison. Elle patienta donc quelques minutes, leur laissant le temps d'arriver, puis s'empara du téléphone.

De cinq ans sa cadette, Christy n'en demeurait pas moins la meilleure amie de Minnie à Kashechewan. Originaire de Moose Factory, mais adoptée quand elle était bébé par une vieille femme crie, appelée Lola, qui l'amena avec elle à Kash, Christy considérait ce bled aux abords de la rivière Albany comme son coin natal. Lorsque la famille de Minnie vint s'y installer 15 ans plus tôt, Christy se lia vite d'amitié avec la petite fille pleine d'allant qui, selon tout le monde, ne pouvait rester en place longtemps. Les habitudes et les idéaux de Minnie différaient des siens, mais cela n'avait pas empêché Christy d'ouvrir son cœur à cette pétulante petite femme qui, n'eussent été du gravier et de la poussière qui emplissaient Kash, aurait donné libre cours à son penchant pour les souliers de cuir à talons aiguilles et les robes de paillettes, au lieu des espadrilles et des chandails molletonnés qui étaient de rigueur dans la réserve.

Dès le début, Christy s'étonna de cette confiance en soi qui habitait Minnie : cette distinguée jeune femme crie n'éprouvait aucun problème à déambuler en short et en camisole sans manches, alors qu'à Kash, les autres femmes, comme Christy, portaient presque toujours un jean et un chandail molletonné. Contrairement à la plupart des autres femmes que connaissait Christy, Minnie parlait librement de dépression, de désespoir ou de sexe. Elle n'était peut-être pas la femme la plus affriolante de la réserve, mais cela importait peu, car elle fréquentait rarement les personnes obnubilées par la beauté. Elle avait plutôt un faible pour les parias de Kash, pour qui les paroles compatissantes étaient plus importantes que la beauté du visage.

Les autres femmes dans la réserve se demandaient ce qui pouvait bien unir Minnie et Christy. On parlait d'elles comme du sel et du poivre, faisant ainsi référence à la façon dont elles se complétaient plutôt qu'à leur différence de caractères. Christy était introvertie, timide et pleine de méfiance vis-à-vis les étrangers, surtout les Blancs, alors que Minnie était une extravertie qui recherchait la compagnie des gens, surtout celle des Blancs et des hommes asiatiques. Christy s'accommodait de la vie rangée qu'elle menait dans la réserve, tout au contraire de Minnie qui en était très contrariée. Christy fit la rencontre d'un homme à Kash et lui fut toujours fidèle. Pour sa part, Minnie quitta la réserve chaque fois qu'elle le put, à la recherche d'une relation où elle aurait son mot à dire.

Christy était mariée au frère aîné de Joyce Wesley, David, mais ne fut jamais particulièrement proche de Joyce. De fait, les liens qu'elle entretenait avec sa famille, y compris sa belle-famille ou ses propres cousins, n'étaient pas du tout comparables au lien privilégié qu'elle avait avec Minnie.

Seule Minnie avait le don de séduire Christy avec ses histoires fantastiques d'un monde combien plus intéressant et libre que le sien. Lorsque Minnie se mettait en frais de divertir un groupe d'amis avec ses histoires sur la vie à Toronto, Christy s'assoyait tranquille, songeant à quoi aurait ressemblé sa propre vie là-bas, libre de toutes inhibitions.

Aussitôt les histoires terminées et le groupe dispersé, Christy percevait un changement subtil chez Minnie. Celle qui quelques minutes auparavant n'hésitait pas à dérider le groupe, en tournant en ridicule le patelin de ses auditeurs, abandonnait maintenant son personnage pour devenir tout à coup nostalgique du fait qu'elle était à la maison. C'est alors que Christy se demandait si Minnie était revenue à Kash pour y rester. Toutefois, après une seule journée passée avec sa mère, Minnie s'affairait déjà aux préparatifs de départ et prévoyait quitter la région dès qu'elle aurait réuni les fonds nécessaires.

Ce qui impressionnait le plus Christy chez Minnie, laquelle s'apitoyait rarement sur son sort, c'était sa volonté de changer les choses qu'elle n'aimait pas. Elle avait le goût de l'aventure et s'y lançait, convaincue que même les voyages les plus désastreux — c'est-à-dire ceux qui la ruinaient et l'obligeaient à dépendre encore de sa famille — lui rapportaient quelque chose de positif.

Quelles que fussent les raisons de son retour ou de la durée de son éloignement, lorsque Minnie retrouvait Christy, c'était comme si elles ne s'étaient jamais quittées. Minnie racontait alors à son amie si sage de nouvelles histoires de la vie urbaine et d'escapades merveilleuses qui faisaient rougir Christy. Cependant, quand arrivait le temps de parler des allées et venues de leurs amis communs en ville, ou de ce qui était advenu du fils ou de la fille d'un parent, qui avait fait une fugue, Minnie essayait aussitôt de changer de sujet. Elle n'avait jamais le courage de raconter à son amie que la dernière fois qu'elle avait vu un tel de Moosonee, il était ivre mort au coin des rues Yonge et Dundas, ou que la dernière fois qu'elle avait vu une telle de Moose Factory, elle s'était acoquinée avec un vieil homme blanc, laid, dans le seul but de quitter la rue.

Minnie va s'en sortir.

Lorsque David revint à la maison, Christy lui annonça la nouvelle qu'il avait déjà apprise sur le chemin du retour. Tout comme Christy, il était soulagé : *Évidemment que Minnie s'en sortira ; elle finissait toujours par retomber sur ses deux pieds.* Ils plaisantèrent même sur les fabuleuses histoires que Minnie leur raconterait au sujet de sa veillée du jour de l'An.

De son bureau situé dans la réserve, Jonathan Solomon, chef de Kashechewan, vit passer le camion de John Wynne. Ayant eu vent que le couple devait rentrer à la maison cette journée-là, il avait hâte d'avoir des nouvelles de Minnie. Il avait cherché sans succès à déchiffrer l'expression sur le visage de John qui, à moitié masqué par les vapeurs émanant de son camion, semblait afficher son air serein habituel. « J'espère que les nouvelles sont bonnes », pensa-t-il, se rappelant fort bien le sort qu'avaient connu plusieurs des siens qui avaient quitté la réserve pour l'« autre » monde.

Malgré son acharnement à montrer aux jeunes gens comment survivre en ville — c'est-à-dire comment s'y installer, quelles sont les personnes-ressources à contacter, les adresses où s'habiller à bon compte et où initier une recherche d'emploi — Jonathan pouvait difficilement comprendre pourquoi laisser derrière soi la sécurité de la réserve pour aller vivre avec ceux qui avaient trahi ses ancêtres de façon si brutale. Pensaient-ils vraiment qu'on les traiterait sur un pied d'égalité une fois en dehors de leur communauté autochtone ? Il se désolait à l'idée que de nombreux autres les imiteraient au cours des mois et des années à venir. Ceux-là aussi étaient à la recherche d'une vie meilleure ailleurs.

Après s'être penché sur les difficultés des siens, Jonathan téléphona à Linda. *Minnie va s'en sortir.* Il lui demanda la date de son retour.

Seuls Linda et John allèrent visiter Minnie pendant son séjour à l'Hôpital général d'Ottawa. Le mari de Doreen, Tim Milbury, avait fait une tentative en ce sens, mais avait dû rebrousser chemin parce qu'il ne faisait pas partie de la famille immédiate. Personne d'autre ne se présenta.

Il s'était écoulé 20 ans environ depuis que Minnie était déménagée à Ottawa la première fois, période trop longue pour soutenir des liens étroits. Quelques-uns des amis que Minnie s'était faits en 1966 vivaient toujours à Ottawa, mais ne savaient même pas que Minnie était revenue, encore moins qu'elle se trouvait à l'hôpital. Elle avait tenté, sans succès de rétablir le contact à son retour. Sans doute que plusieurs d'entre eux avaient un numéro de téléphone confidentiel, que certaines amies avaient changé d'état civil et portaient donc un autre nom, et que d'autres, tout comme elle, n'arrivaient pas à rester longtemps au même endroit. La présence d'Evelyn Mark et de Maggie Bugden à Ottawa, alors que Minnie planifiait son retour, était uniquement un concours de circonstance, les deux femmes ayant également vécu ailleurs durant de longues périodes. Si Minnie était revenue à Ottawa un an plus tôt, ni l'une ni l'autre n'aurait été là pour l'accueillir.

⟡

Maggie ignorait tout à fait que Minnie se trouvait à l'hôpital jusqu'au jour du 6 janvier lorsque Evelyn lui rendit visite. Maggie cherchait à joindre Minnie par téléphone depuis le jour de l'An, mais en vain, et s'inquiétait de plus en plus à chaque appel. Quinze ans auparavant, elle aurait pensé que Minnie avait soudainement décidé de retourner dans le Nord, mais pas cette fois-ci. Il y avait autre chose. Après tout, elle lui avait parlé durant le temps des Fêtes et Minnie ne semblait pas avoir le mal du pays. En fait, elle avouait être très contente de ne pas être à Kash en ce premier Noël depuis la mort de son père. La présence d'un compagnon lui manquait, mais il n'y avait là rien de nouveau.

Selon Evelyn, ni l'accident ni l'hospitalisation de Minnie ne semblaient être très sérieux. Maggie fut d'autant plus surprise d'apprendre que Linda était venue de Kash dans le seul but de rendre visite à sa sœur. Evelyn lui expliqua qu'au début, le pronostic n'était pas très reluisant, mais que l'état de Minnie s'étant amélioré, on disait qu'elle s'en remettrait. Maggie voulait obtenir des détails sur l'accident, mais Evelyn avait peu d'information, ayant à peine vu Minnie après qu'elles étaient entrées au J. R. Dallas ce soir-là.

Outre ses deux grandes amies, Minnie avait quelques parents qui vivaient à Ottawa, surtout des parents éloignés, dont sa cousine et partenaire de bingo, Doreen Milbury, la seule avec qui elle avait gardé un lien. Pour Doreen, Minnie était en voie de guérison et quitterait bientôt l'hôpital. C'est du moins l'impression que lui avait laissée sa conversation avec Linda. Joyce le lui confirma en disant que, selon elle, Minnie n'avait pas vraiment été blessée par la voiture, mais avait plutôt été sonnée lors de sa chute. *Elle était pas mal ivre.*

Souffrant de dystrophie musculaire et utilisant un fauteuil roulant pour se déplacer, Doreen estimait que cela demanderait beaucoup d'efforts à son mari de l'emmener voir Minnie à l'hôpital : il faudrait l'installer dans la voiture, l'en faire sortir, à l'aller comme au retour. Tim était prêt à le faire, mais croyait que les médecins étaient les mieux placés pour prendre soin de Minnie. Doreen verrait probablement Minnie au bingo lorsque celle-ci se sentirait mieux.

On venait de faire une requête d'aide additionnelle pour Minnie Sutherland à l'unité des services sociaux de l'Hôpital général d'Ottawa. On y avait eu recours d'abord pour retrouver la trace de son plus proche parent et, si la chose était possible, pour obtenir des renseignements sur ses antécédents médicaux. Ces demandes étaient courantes lorsque des gens étaient admis à l'hôpital, seuls et en état d'ébriété, aux petites heures du matin. Toutefois, la demande du 6 janvier était différente et présentait un élément avec lequel on n'avait jamais composé ou qu'on n'avait jamais prévu. Depuis que Patrick Smith avait informé l'hôpital que Minnie avait été heurtée par une voiture à Hull, l'urgence n'était plus de retrouver le plus proche parent ou les antécédents médicaux de la victime, mais plutôt de déterminer la force de l'impact, la gravité de sa chute et les raisons pour lesquelles les policiers l'avaient laissée sur un banc de neige, au lieu de l'emmener à un hôpital.

Le lendemain de l'appel de Patrick à l'hôpital, la travailleuse sociale, ayant repéré la sœur de Minnie, Linda, deux jours auparavant, téléphona au poste de police de Hull à plusieurs reprises. Lorsqu'elle demanda à parler à l'un des deux policiers présents sur les lieux de l'accident, sa requête fut accueillie par quelques instants de silence, après quoi on lui répondit moitié en anglais, moitié en français qu'il n'était pas permis aux appelants de s'adresser directement aux policiers.

La travailleuse sociale tenta bien d'expliquer la nature urgente de sa démarche ; on la pria alors de laisser un numéro de téléphone pour que l'un des sergents de police puisse la rappeler. Elle laissa un message détaillé que le préposé sembla avoir de la difficulté à comprendre. Après une attente de plusieurs heures, c'est le chef de l'unité des services sociaux lui-même qui téléphona une deuxième fois, insistant alors sur la nécessité formelle d'obtenir des renseignements sur l'accident, précisant que l'on pourrait faire appel aux médias pour effectuer la recherche, et demandant qu'un responsable téléphone sans plus tarder au D^{re} Gwynne Jones, à l'Hôpital général d'Ottawa.

Ce n'est que le lendemain, soit le 7 janvier, que le capitaine Armand Caron de la police de Hull rencontra le D^{re} Jones. Il regrettait amèrement l'incident et apprit avec soulagement que Minnie prenait du mieux. On l'avait informé qu'au cours de la veille du jour de l'An, une Autochtone en état d'ébriété avait fait une chute rue Principale, mais il avait absous les policiers de toute implication réelle, si ce n'est d'avoir emmené la victime en bordure de la rue. Toutefois, le D^{re} Jones essayait de comprendre pourquoi le sergent [*sic*] connaissait si bien les événements qui s'étaient produits après la *chute*. De fait, si les policiers avaient quitté la scène après avoir « aidé » Minnie à rejoindre le bord de la rue, comment le capitaine Caron pouvait-il savoir que trois jeunes hommes, dont il connaissait les noms, avaient accompagné Minnie et Joyce jusqu'à un restaurant? Qui plus est, comment savait-il que trois individus avaient conduit Minnie et Joyce à Ottawa? Pour elle, il était évident que le service de police de la Ville de Hull, dont le capitaine Caron était à la tête, attachait un intérêt particulier à ce qu'ils qualifiaient tout simplement d'« incident ».

Au début de sa deuxième semaine à l'hôpital, l'état de Minnie s'améliora de façon notable. Elle pouvait déplacer les bras et les jambes et s'exprimer, soit par un grognement pour acquiescer, soit par des gestes pour refuser quelque chose, surtout lorsqu'on brandissait une seringue ou une sonde gastrique. Elle ne pouvait toujours pas respirer sans l'aide d'un appareil, mais les médecins avaient bon espoir de le lui enlever dans un jour ou deux. La plupart des tests subis récemment étaient positifs, ce qui signifiait que l'enflure au cerveau diminuait.

Les médecins de l'hôpital, à l'exception du Dr Robert Nelson, chef de l'unité neurologique, étaient convaincus que Minnie souffrait d'une anormalité chronique sous-jacente du cerveau, qui s'était aggravée suite à un impact à la tête, sans doute lorsqu'elle avait fait sa chute et qu'elle s'était heurtée la tête sur le pavé. On se demandait toujours lequel du problème chronique ou du trauma avait le plus influencé son incapacité, mais cela semblait avoir peu d'importance étant donné qu'elle était en voie de guérison complète.

Notes au dossier médical de Minnie Sutherland
par le Dr Nelson, le 7 janvier 1989

En autant que cela me concerne, cette dame n'a pas encore été diagnostiquée. Elle est plutôt alerte et bouge ses membres et sa main droite. Les orteils du côté droit bougent, mais un peu moins du côté gauche. Et les réflexes des pieds ne sont pas diagnostiqués. Les membres sont lâches, non spasmodiques et sans intensification de tonicité; et le test de résonance magnétique, le deuxième, indique la présence de sang dans les ventricules. Et nous pouvons maintenant apercevoir l'aqueduc proximal, mais je ne vois pas le quatrième ventricule. Est-ce qu'elle a une masse à la fosse postérieure? Son cou est trapu. Aurait-elle une anomalie de même qu'une malformation congénitale de la jonction craniocervicale? Et de plus, son niveau de protéines est très élevé dans le liquide cérébro-rachidien. Il est possible que l'accident de voiture ait causé un trauma à la colonne cervicale supérieure. On se doit donc d'administrer un examen aux rayons X. Et un IRM en plus.

En 1989, le procédé IRM (imagerie par résonance magnétique) fournissait la description la plus complète de l'anatomie du cerveau humain et de la colonne vertébrale. Il s'agissait d'une technologie nouvelle et l'Hôpital général d'Ottawa possédait un des deux seuls scanners existant dans toute la ville. Inutile de dire que la longueur de la liste d'attente pour un tel examen était décourageante — des semaines pour certains patients en consultation externe et des jours pour les patients hospitalisés dont l'état n'était pas jugé critique. Selon la politique de l'hôpital, seules les situations d'urgence pouvaient justifier qu'un patient perde sa priorité d'appel sur la liste.

Enquête du coroner — Contre-interrogatoire : D^{re} Gwynne Jones

Q. : Et ce test a-t-il été fait ?

R. : Le test n'a jamais été fait. C'était prévu, mais il n'a jamais été fait.
Étant donné que son état clinique s'améliorait, on a pensé que… il
y a évidemment toujours une liste d'attente pour ces choses-là…
on a pensé qu'il n'y avait pas urgence ; son état n'était pas grave,
pas assez grave, ce n'était pas la peine d'enlever le nom de quelqu'un d'autre de la liste. Il est maintenant évident que la décision
n'était pas avisée.

Le 9 janvier, le D^{re} Jones donna l'ordre de déménager Minnie de
l'unité des soins intensifs à la salle d'observation de neurochirurgie. On
retira le respirateur et Minnie put très bien respirer par elle-même. Elle
commençait également à parler, mais ses cordes vocales enflées rendaient la chose très douloureuse.

Ce soir-là, dans sa chambre, on inséra un nouveau cathéter par son
épaule dans le but d'atteindre une veine assez grosse pour pouvoir recevoir la ligne par laquelle administrer des médicaments et des fluides, et
de pouvoir effectuer des tests de dépistage de gaz dans le sang. Une
heure ou deux après cette procédure, un technicien, observant les résultats de l'examen aux rayons X récemment effectué, constata que le
cathéter n'était pas du tout relié à une veine, mais plutôt à une artère.

Une fois le cathéter rebranché correctement — à une veine cette
fois —, Minnie s'endormit paisiblement, épuisée par ce déplacement
d'une unité à l'autre, par les nombreuses tentatives des infirmières de
trouver une veine où insérer les aiguilles, ainsi que par une incessante
pression à la tête.

C

Le 11 janvier, à une heure, le téléphone réveilla Doreen et Tim
Milbury. À l'autre bout de la ligne, celle qui s'était présentée comme
infirmière de l'Hôpital général d'Ottawa demanda si Doreen était la
cousine de Minnie Sutherland. Doreen répondit dans l'affirmative et
s'informa de l'état de Minnie. L'infirmière répondit que Minnie n'allait
pas bien du tout et la pria de se rendre à l'hôpital le plus tôt possible.

Lorsque Doreen demanda des précisions, l'infirmière eut pour toute réponse : « Nous venons de parler à Linda qui nous a suggéré de vous téléphoner. Pouvez-vous venir le plus tôt possible ? »

Tim aida Doreen à s'asseoir sur le côté du lit et à prendre place dans son fauteuil roulant. Elle lui proposa de se rendre seul à l'hôpital, estimant que l'appel semblait urgent et qu'il pourrait y être plus rapidement s'il n'avait pas à l'attendre et à s'occuper d'elle. Cependant, Tim lui rappela sa dernière visite quand les infirmières ne l'avaient pas autorisé à voir Minnie alors que Linda et John s'y trouvaient et qu'elle semblait aller beaucoup mieux. « Pourquoi serait-ce différent maintenant ? »

Doreen enfilait son manteau lorsque le téléphone sonna de nouveau. Cette fois, Tim répondit. C'était Linda. Après quelques secondes, il tendit le récepteur à Doreen, le visage plein d'étonnement.

Linda lui demanda : « L'hôpital vient-il de te téléphoner ? »

« Oui, tout juste », répondit Doreen nerveusement. « Je pense que l'état de Minnie vient de changer. Nous sommes sur notre départ. »

Linda l'interrompit aussitôt ; Minnie venait de mourir.

Chapitre XIII

Les nouvelles se répandent

C'était comme dans un rêve, comme un miroir
se brisant dans ma tête.
Linda WYNNE

Lettre à la police de Hull du D^re Gwynne Jones
le 17 janvier 1989

C'est avec un profond regret que je dois faire état par écrit du cas malheureux de Mme [*sic*] Minnie Sutherland, admise à l'Hôpital général d'Ottawa le 1er janvier 1989 et morte le 11 juin [*sic*] d'un caillot sanguin à l'arrière du cerveau, résultant d'un accident survenu aux petites heures du 1er janvier. Elle a été admise aux soins intensifs après avoir été sous observation à l'urgence. La patiente y était arrivée sans dossier et sans être accompagnée d'ami(e)s ou de parent(e)s. Dès lors, l'historique médical ou la manifestation d'une maladie ou blessure récente faisait défaut. C'est ainsi que l'évaluation initiale a porté, entre autres, sur une surdose de médicaments et sur une infection sérieuse. Les premiers tests de résonance magnétique du cerveau ont révélé un élargissement des chambres, ventricules renfermant le liquide rachidien et s'accordant avec une hydrocéphalie, mais sans autres anomalies pouvant indiquer d'autres dommages au cerveau.

À la lumière de ces résultats et des anomalies liées au liquide cérébral, le traitement prescrit a été un drain pour alléger la pression et des antibiotiques pour la prémunir contre la méningite. Elle a été emmenée aux soins intensifs pour une ventilation artificielle puisqu'il avait été nécessaire de lui insérer un tube dans le larynx pour lui permettre de respirer adéquatement. Au cours des jours suivants, elle est demeurée dans ce profond état comateux, avec des symptômes de pression accrue au cerveau.

Plus tard, on a pu joindre par téléphone son médecin de famille de même que sa famille et obtenir de l'information sur son passé médical, mais tout ceci ne nous a pas aidés à élucider les causes de toutes ces anomalies.

Le 3 janvier, nous avons reçu un appel de M. Patrick Smith, qui avait été témoin de l'accident et qui avait appris que Mme Sutherland avait été admise à l'Hôpital général d'Ottawa. Il a téléphoné pour s'informer de sa condition et a été sidéré d'apprendre que nous ne savions rien de l'accident à Hull. Il nous a expliqué que Minnie avait été happée par une voiture en cherchant à traverser la promenade du Portage et qu'elle était tombée à la renverse. La voiture s'était immédiatement immobilisée et la conductrice et son amie en étaient sorties pour voir si Minnie allait bien. Ces deux personnes étaient des infirmières. M. Smith et son ami sont également allés voir comment elle était. Quelques minutes plus tard, la police de Hull est arrivée sur les lieux pour enquêter. D'après M. Smith, les policiers ont demandé aux deux infirmières de s'en aller, puis ont cherché à déplacer Mme Sutherland. M. Smith leur a suggéré de ne pas déplacer Mme Sutherland avant l'arrivée de l'ambulance, afin d'éviter tout mouvement pouvant s'avérer risqué en cas de blessures sérieuses. M. Smith a dit que Mme Sutherland sentait l'alcool.

M. Smith prétend que l'agent de police leur a demandé avec brusquerie de quitter. Il a ensuite observé les policiers qui ramassaient Mme Sutherland et qui la déplaçaient rudement jusqu'à un banc de neige.

Les autres détails sur ce qui s'est passé ensuite ont été recueillis à partir d'autres sources, lesquelles ont confirmé que Mme Sutherland s'est finalement réveillée, puis qu'elle et son amie ont traversé la rue pour se rendre dans un café. Mme Sutherland avait la nausée et y a vomi à deux reprises. Des clients ont alors offert de la conduire chez elle, offre qui a été acceptée. Le chauffeur croyait que Mme Sutherland habitait avenue Laurier. Une fois rendus sur l'avenue Laurier, Minnie, qui semblait moins bien articulée et plus somnolente, a été incapable d'indiquer où se trouvait son logement.

L'amie de Mme Sutherland l'a ensuite fait sortir de la voiture et, pour la tenir réveillée, elles ont marché de long en large sur l'avenue Laurier. On a appelé le 911 et la police est arrivée peu de temps après. Il semblerait qu'une ambulance soit aussi venue, mais il a été décidé de transporter Mme Sutherland en autopatrouille à l'Hôpital général d'Ottawa. Elle est arrivée ici seule et, comme je l'ai déjà signalé, sans dossier à mettre à la disposition des médecins de l'urgence.

L'état de Mme Sutherland aux soins intensifs s'est graduellement amélioré. On l'a ensuite placée sous observation en neurochirurgie où, encore une fois, elle récupérait de façon constante, mais tôt dans la nuit du 11 janvier, on nota une détérioration soudaine, suivie d'un arrêt cardiaque, pour lequel les efforts de réanimation ont été vains.

Il ne fait aucun doute que le manque d'information sur l'événement traumatique a eu une grande portée sur la capacité initiale de diagnostiquer une anomalie et d'assurer le suivi logique qui aurait pu prévenir son décès.

Il est aussi malheureux que Mme Sutherland, en l'absence de cette information indispensable, ait reçu de puissants antibiotiques inutiles pour son état. Les antibiotiques représentent des risques qui leur sont bien particuliers.

Plus précisément, si les allégations sur la conduite de la police de Hull s'avèrent fondées, les agents concernés ont fait une sérieuse erreur de jugement et le cas devrait faire l'objet d'une enquête.

⌒

Le matin du 11 janvier, Linda se mit en frais pour recevoir les visiteurs qui s'arrêteraient à sa maison cette journée-là. Avec l'aide des enfants, elle rangea, dégagea le plancher encombré de jouets et ramassa les cassettes vidéo éparpillées sur les tables dans le salon. Quiconque était assez vieux pour marcher était prié de ranger des vêtements dans les placards et les tiroirs, et de s'assurer que tous les lits étaient bien faits. À l'entrée, on fit de la place pour les bottes et les manteaux des visiteurs, et dans la cuisine, on sortit deux théières des armoires du haut, et une douzaine des tasses les plus belles.

Alors que la maison s'emplissait de visiteurs, Linda sentait que tous les yeux étaient rivés sur elle, incrédules, pleins de souffrance, demandant une explication.

Plusieurs heures auparavant, on avait informé Linda que sa sœur était malheureusement morte d'une crise cardiaque. UNE CRISE CARDIAQUE. Plus elle y pensait, plus elle trouvait tout cela complètement absurde. Plus elle avait à expliquer aux amis la cause du décès de Minnie, plus son absence lui paraissait indubitable. Toutefois, sa mort n'avait toujours pas plus de sens.

Chaque parole de sympathie qu'on lui adressait lui rappelait le caractère irrévocable de la situation. Les projets d'aller vivre avec Minnie à Ottawa semblaient sortis d'un rêve cruel. Les seules choses qu'elle pouvait maintenant planifier étaient les funérailles de sa sœur.

Enquête du coroner — Témoignage : Dr Vitale Montpetit

R. : C'était une fracture plutôt importante, s'étendant tout le long de la base de la fosse postérieure et le long de la suture occipito-pariétale.

Q. : En me le montrant sur vous, est-ce à l'arrière de la tête que vous l'avez remarquée ?

R. : Oui.

Q. : Et où derrière la tête, la situeriez-vous ?

R. : Dans la fosse postérieure, si vous voulez que je…

Q. : Seulement l'indiquer sur…

R. : Dans cette région… là.

Q. : Très bien. En quelque sorte, sur la partie la plus haute, à l'arrière de la tête ?

R. : La partie postérieure gauche de la tête.

Q. : Très bien. Et ça ressemble à une fracture ? Est-ce que ce serait une sorte de fêlure que…

R. : Dans ce cas, c'était cela.

Q. : Très bien.

R. : Sauf que, dans la partie la plus postérieure, elle semblait suivre la ligne de séparation entre l'os pariétal et l'os occipital.

Q. : Très bien. Elle suivait le trajet de la jointure entre les deux os.

R. : Là où les os se rejoignent au cours de l'ossification.

Q. : Très bien. Et quelle longueur avait la fracture, approximativement, en pouces ?

R. : Environ de cinq à six pouces.

Personne à Kash ne savait vraiment pourquoi Minnie s'était retrouvée hospitalisée à Ottawa. Non pas que Linda essayât de cacher quelque chose, mais tous les renseignements qu'elle glanait auprès des médecins ou au cours de conversations avec Joyce et Doreen n'aboutissaient à rien. Maintenant que Minnie était morte, il lui était devenu on ne peut plus impératif de connaître les détails de cette histoire. Elle voulait à tout prix comprendre pourquoi Minnie, qui donnait tous les signes d'une personne en voie de guérison, était soudainement morte d'une crise cardiaque. Comment pouvait-elle expliquer aux parents et amis, qui accouraient à la maison cette journée-là, ce qui s'était passé alors qu'elle-même ne le savait pas ?

Qu'était-il arrivé à Minnie après le départ de Linda et John de l'hôpital ? Dans sa quête d'une réponse, Linda éprouva un sentiment de culpabilité : culpabilité de ne pas avoir été là, de ne pas avoir ramené sa sœur avec elle.

Qu'en était-il du matin où Minnie avait été heurtée par une voiture ? Où se trouvaient les amis qu'elle vantait tellement ? Que faisaient les autorités pendant que sa sœur avait un besoin criant d'aide ? Où était sa cousine Joyce, après que les autres eurent abandonné Minnie ?

Dans sa tentative d'y voir clair, Linda se rappela les événements qui avaient marqué la veille du Nouvel An de sa sœur. Il en résulta davantage de questions que de réponses.

Minnie avait été heurtée par une automobile à l'extérieur d'un bar, à Hull.

— *Avait-elle bu ?*

Les policiers l'avaient traînée pour la laisser sur un banc de neige, en bordure de la rue.

— *N'y avait-il pas quelqu'un d'autre sur place?*
Elle et Joyce s'étaient fait reconduire à Ottawa.
— *Qui les avait ramenées?*
La police d'Ottawa croyait que Minnie était ivre.
— *L'était-elle vraiment?*
Joyce la laissa avec la police d'Ottawa.
— *Joyce était-elle ivre également?*
Minnie s'était retrouvée à l'hôpital à 6 heures le matin.
— *Pourquoi un tel délai?*
L'hôpital ignorait qu'elle avait été heurtée par une automobile et l'apprit quatre jours plus tard seulement.
— *Pourquoi Joyce n'en avait-elle pas avisé le personnel avant?*

Enquête du coroner — Témoignage : Joyce Wesley

Q. : Qu'avez-vous fait quand vous avez appris qu'elle était à l'hôpital?
R. : Rien.
Q. : D'accord. Avez-vous appelé à l'hôpital?
R. : Non.
Q. : Êtes-vous allée la voir?
R. : Non.
Q. : Très bien. Avez-vous donné à l'hôpital quelque renseignement que ce soit?
R. : Non.

Toute à sa peine, Maggie Sutherland demeura silencieuse une bonne partie de la journée alors que le reste de la famille avait tant besoin des mots réconfortants qu'elle prononçait lorsque d'autres familles de Kashechewan étaient victimes de drames semblables. Cette fois-ci, il n'était pas question d'entendre une version touchante de *By the Sweet By and By*, ni une lecture inspirée de *The Old Rugged Cross*. Elle ne cessait de pleurer. De temps à autre, s'appuyant sur sa canne blanche, elle se rendait à la cuisine pour offrir son aide à Linda occupée à servir du gâteau ou à disposer dans des plateaux les sandwichs offerts un peu plus tôt par les voisins.

Une fois les invités partis, la tristesse de Maggie fit place à la colère qu'elle ressentait face à la tournure tragique des événements ayant mené au décès de sa fille. L'arrivée de Roseanne, en provenance de Timmins, produisit l'effet calmant dont tous avaient besoin ; les paroles réconfortantes qu'elle adressa à Violet les sécurisèrent tous. Par ailleurs, Sidney, le frère aîné de Minnie et de Linda, s'avisa d'aborder avec sa mère le mode de vie de Minnie, reprochant à cette dernière ses problèmes d'alcool et sa vie de nomade qui avaient finalement eu raison d'elle.

Personne n'essaya de l'interrompre ; il était préférable de demeurer silencieux et de le laisser se vider le cœur. Lorsqu'il eut terminé, la maison devint silencieuse, à l'exception de pleurs et de coups de canne occasionnels de Maggie, chaque fois que la frustration d'être aveugle redoublait sa souffrance de savoir sa fille morte.

Enquête du coroner — Témoignage : Dr Vitale Montpetit

R. : C'est seulement à l'examen interne que nous avons vu qu'il y avait des contusions sur le crâne — dans la région frontale droite et dans la région occipito-pariétale gauche.

Q. : Très bien.

R. : Cependant, pour subir une fracture comme celle-là à la base du crâne, il a fallu un coup violent. Ce que je ne m'explique pas, c'est quelle contusion est attribuable au coup et laquelle au contrecoup. En d'autres mots, a-t-elle été frappée sur la partie frontale droite pour ensuite tomber en arrière sur le côté gauche, ou a-t-elle été frappée là pour ensuite se cogner le lobe frontal droit, la partie frontale du crâne ; je ne peux pas le dire.

Ce matin-là, lorsque Linda téléphona à Christy pour lui annoncer la nouvelle, la conversation fut brève, comme elle l'était toujours même dans le meilleur des cas. Elles savaient toutes deux qu'elles n'auraient l'occasion de partager leur douleur que lorsque tous les appels seraient faits et que la maison des Wynne se viderait de ses visiteurs. Une fois leur conversation terminée, Christy vaqua à ses tâches quotidiennes.

Dans les jours qui suivirent, les deux femmes prirent du temps, loin de leurs familles, pour partager leur douleur d'avoir perdu un être qu'elles aimaient toutes les deux.

Christy avait de la difficulté à croire qu'une personne mordant autant dans la vie que Minnie puisse être morte, peu importe sa façon de vivre. Toutefois, elle n'ignorait pas que le danger guette les personnes comme Minnie, lorsqu'elles s'éloignent trop de la maison. Tout le monde le savait. Dans la réserve, les aînés ne cessaient d'en avertir les jeunes qui rêvaient d'une vie meilleure dans la ville. Les parents en faisaient de même avec leurs adolescents pressés de s'installer dans les agglomérations urbaines où il y avait quelques Autochtones. Et même ceux qui, à l'instar de Minnie, désiraient depuis l'adolescence quitter la collectivité, avaient pris conscience qu'il était à leur avantage de vivre là où ils étaient désirés, où ils seraient en sécurité. Si Minnie avait tant soit peu pensé ainsi, ses actions n'y avaient jamais donné suite.

Ayant terminé ses tâches, Christy sortit pour faire une longue marche. Elle croisa quelques personnes qui avaient connu Minnie et qui ignoraient probablement la malheureuse nouvelle. Elle se contenta de leur sourire et de les saluer. Un peu plus loin, elle bifurqua vers le sentier de neige battue, un raccourci pour se rendre à la rue principale, afin d'éviter d'avoir à bavarder avec des amis qu'elle avait aperçus au loin. Une fois dans la rue qui contourne la rivière Albany presque gelée, elle se dirigea vers l'aéroport. Contrairement aux résidants de Kashechewan qui en avaient fait un passe-temps, Christy ne s'intéressait guère aux arrivées et n'était pas du genre à s'installer sur la piste pour envier ceux qui s'envolaient. Ce jour-là, toutefois, elle se prit à rêver qu'elle s'en allait visiter son amie en ces lieux enchantés dont on lui avait tellement parlé. Malgré toute sa volonté, ça ne décollait pas. Elle restait confrontée à l'incontournable vérité : jamais plus la Minnie qu'elle connaissait ne reviendrait à cet aéroport, la triste réalité étant qu'elle s'était maintenant envolée au loin, pour toujours.

Enquête du coroner — Témoignage : Dr Vitale Montpetit

Q. : Y avait-il d'autres blessures ailleurs sur le corps ? Vous avez indiqué la tête. Y en avait-il à d'autres endroits sur le corps, qui ne seraient pas reliées à un traitement médical ?

R. : Il y avait deux endroits du corps où, selon nous, les lésions ne correspondaient pas à un traitement médical. L'une d'elles comprenait plusieurs écorchures en voie de guérison sur la partie médiane de l'avant-bras droit et l'autre consistait en un hématome plutôt important de forme ovoïde au mollet droit, sur la partie médiane du mollet droit.

Q. : D'accord. Pourriez-vous, tout d'abord, nous décrire l'avant-bras et nous montrer l'endroit dont vous parlez ?

R. : (le témoin s'exécute.)

Q. : Très bien. Montrant l'avant-bras, qu'est-ce que vous y avez trouvé ?

R. : De multiples écorchures de la peau, en voie de guérison. Elles ne dataient pas des derniers jours. Elles dataient plutôt de sept, dix jours ou...

Q. : Oui, oui. Et en rapport avec quel genre de trauma ?

R. : Elles peuvent avoir été causées par un choc, très probablement. Je ne peux... je n'ai pas d'explication autre que le choc, vraiment.

Q. : Est-ce quelque chose que vous voyez dans le cas de victimes d'accident venues en contact du pavage ou de la chaussée ou... ?

R. : C'est une explication plausible.

Chapitre XIV

Enfin de retour à la maison

Personne ne m'a demandé quoi que ce soit
ou ne s'intéressa à ce que j'avais à dire.
Le chef Jonathan SOLOMON

L A MORT de Minnie finit par déclencher la tenue d'une enquête par le service de police de Hull. Des journalistes tenaces assiégèrent le quartier général de la police et se mirent à poser des questions directes et quelquefois tendancieuses à quiconque s'y trouvait. Les grands titres des journaux ou les reportages à la radio incitèrent des citoyens outrés à expédier un grand nombre de lettres par télécopieur. Au moyen de la poste et de services de messagerie, des parties intéressées, indignées, exigèrent des explications.

Toutefois, la police de Hull était bien préparée.

Immédiatement après avoir avisé l'Hôpital général d'Ottawa de l'accident, Patrick Smith communiqua avec la police de Hull pour lui signaler l'hospitalisation de Minnie. À l'instar de la travailleuse sociale de l'hôpital, il lui fut tout aussi difficile de parler à quelqu'un d'intéressé par l'incident qu'il rapportait, qu'à une personne ayant une quelconque autorité dans le dossier. Après s'être adressé à une quinzaine de personnes, il tomba sur le capitaine Armand Caron.

Un jour ou deux après cet entretien, le capitaine Caron se rendit à l'appartement de Patrick en compagnie d'un autre policier. Jusqu'à ce moment-là, Patrick avait espéré qu'à tout le moins, un reproche aurait été adressé aux policiers en cause, soit les agents Régimbald et Vincent. À la rencontre, toutefois, on se borna à lui poser des questions sur l'arrogance perçue chez lui et chez ses amis à l'endroit des deux policiers en cause, et sur leur degré de « sobriété ». Sur le point d'amorcer une carrière de travailleur social, Patrick était à même de constater que les questions du capitaine Caron ne rimaient à rien, surtout que l'enquête continua de porter principalement sur les actions de tous, à l'exception de ceux qui étaient en position de responsabilités. Il savait que pour mener une enquête pertinente, les personnes en cause devaient reconnaître qu'un *accident* et non pas un *incident* s'était produit, que Minnie avait été heurtée par une voiture et que son hospitalisation en découlait, directement ou indirectement. Cela signifiait toutefois qu'on aurait convenu que deux policiers avaient fait preuve de négligence.

Le lendemain, Patrick et Michel s'envolèrent vers Acapulco, en s'interrogeant sur la tournure des événements. À leur retour, la semaine suivante, la photo de Minnie était à la une de chaque journal local et régional, tandis que le répondeur de Patrick était encombré de messages en provenance de journalistes.

Déclaration à la police — Agent Michaël Bastien
Enquêteur sur l'accident, police de Hull

Le témoin déclarera que le témoin Filion a indiqué dans sa déclaration que Minnie Sutherland marchait sur le trottoir et avait essayé de traverser la rue, et qu'elle était tombée d'un banc de neige sur la chaussée, qu'elle s'était relevée et avait continué à traverser la rue où elle avait été heurtée par un véhicule. Il a dit que la partie avant du véhicule avait heurté Minnie Sutherland et que la victime glissant du capot, dans la rue, était tombée.

Ceux qui pointaient du doigt les deux policiers en cause sont ceux-là mêmes qui offrirent malgré eux à la police de Hull une stratégie de défense. Tout d'abord, il y eut les médias qui, plutôt que de s'attaquer directement à la question, tentèrent de démontrer que Minnie n'était pas ivre. On fit valoir qu'elle avait le diabète et que conséquemment, elle pouvait être désorientée et avoir besoin d'insuline et qu'en plus, elle était aveugle, ce qui empirait probablement les choses. La campagne médiatique se transforma donc en une croisade contre les préjugés qui faisaient de Minnie une Amérindienne ivre, évitant ainsi la question primordiale, à savoir qu'Amérindienne ou non, ivre ou non, Minnie Sutherland avait droit à des soins appropriés.

Puis, il y eut l'hôpital qui, par deux fois, inséra négligemment une aiguille dans les artères de Minnie, la deuxième fois quelques minutes avant qu'elle ne meure. On corrigea rapidement l'erreur, qui ne joua d'ailleurs aucun rôle dans la mort de Minnie, mais cela tourna à l'avantage de la police de Hull qui en profita pour dévier la critique vers l'hôpital.

Enfin, il y eut deux des témoins, soit la cousine de Minnie, Joyce Wesley, qui donnait une version dissemblable des faits d'une entrevue à l'autre, et peut-être plus important encore, le témoignage de l'infirmière Carole St-Denis qui était outrée de l'inaction des policiers et qui persistait à dire que Minnie n'avait pas été heurtée par son automobile, mais qu'elle s'était plutôt cognée sur la voiture.

Déclaration à la police — Agent Michaël Bastien

Le témoin déclarera qu'il a reçu des renseignements du labo de la GRC à l'effet que l'on avait trouvé de la peinture bleue sur les vêtements de la victime et, à cause de cela, qu'on avait prélevé des échantillons de peinture du véhicule que conduisait Mme St-Denis, qui en était la propriétaire.

Maggie Bugden ne put reconnaître la femme qui reposait dans le cercueil, au salon funéraire Racine, Robert et Gauthier. Un des préposés lui expliqua qu'ils n'avaient pas de photographie en main au moment de reconstituer la tête de Minnie après son autopsie. *Elle portait des lunettes, dites-vous?*

L'Hôpital général d'Ottawa assuma en partie la responsabilité d'organiser la cérémonie funèbre. Comme c'était souvent le cas lorsque aucun membre de la famille de la personne défunte n'était présent pour s'en occuper et qu'il n'y avait pas d'argent pour payer quoi que ce soit, les infirmières de l'hôpital s'adressèrent à Maurice Prud'homme, le directeur du salon funéraire.

M. Prud'homme offrit à titre gracieux une salle mortuaire, un cercueil pour la journée et les services d'embaumement. Il ne prévoyait pas d'affluence, car aucun membre de la famille immédiate ne vivait en ville et les funérailles devaient avoir lieu dans le Nord, une fois que le corps y serait transporté. Néanmoins, il prit les fleurs d'une salle mortuaire qui venait de se vider pour les disposer dans la salle réservée à Minnie. Il téléphona ensuite au révérend Gary McCauley, ministre local qui disait avoir connu Minnie, et lui demanda de bien vouloir célébrer gratuitement le service funèbre.

Au début, tout portait à croire que personne ne viendrait, mais peu à peu, quelques Autochtones, certains se connaissant, se présentèrent au salon. Les conversations se firent discrètes, voire prudentes. Parents et amis de la défunte se saluèrent poliment et dans certains cas, commentèrent l'incident qui les réunissait ce soir-là. « Les actions de la police me laissent perplexe », de dire l'un. La réponse typique ne se fit guère attendre : « On connaît tous la police du Québec. » Un autre : « Pourquoi l'infirmière n'est-elle pas demeurée sur les lieux ? » Joyce se trouvant à proximité d'eux, la majorité des Autochtones n'osèrent jeter le blâme sur elle.

Maggie Bugden afficha un air austère pendant tout le service. Discrètement, elle avait pris place sur l'un des divans, avec sa fille Cita, et accueillait les gens comme l'aurait fait un membre de la famille immédiate de Minnie.

Joyce, assise tout près, exprimait sa colère à tous les Autochtones qui approchaient, comme si elle venait tout juste d'apprendre la nouvelle ; par contre, en présence d'un Blanc, elle ne desserrait pas les dents. Doreen arriva alors en fauteuil roulant et se planta devant Joyce, gênant ainsi les quelques journalistes qui s'étaient amenés et qui avaient entrepris de demander à quiconque ressemblait à un Autochtone, si Joyce Wesley était présente.

Tim Milbury s'était placé près de la porte et parlait affectueusement de Minnie à l'un des préposés du salon funéraire. Ce dernier ignorait tout de la controverse entourant la mort de Minnie, jusqu'à ce que l'un des journalistes se pointe le bout du nez dans le bureau principal pour demander dans quelle salle se trouvait Minnie Sutherland et s'il pouvait prendre des photographies.

Evelyn Mark se trouvait également au salon, se faisant discrète et parlant avec une jeune femme que tous croyaient être sa fille. Elle ne cessait de répéter à quiconque la saluait : « Minnie voulait simplement assister au feu d'artifice et voyez ce qui est arrivé. »

Plusieurs représentants de groupes d'Autochtones vinrent la voir, accompagnés de trois ou quatre Blancs qui donnaient l'impression d'être des avocats. Maggie reconnut l'une des femmes, Marsha Smoke de la Cree Naskapi Commission. Ils se tenaient discrètement d'un côté de la salle pendant que le révérend McCauley présidait au service, lisant des extraits de la Bible, puis une oraison funèbre qui en laissa plus d'un la larme à l'œil. Une fois le service terminé, ceux qui avaient l'allure d'avocats échangèrent quelques mots entre eux, s'entretinrent avec l'un des journalistes relativement à la tenue d'une enquête publique, puis sortirent rapidement.

Maggie Bugden s'attarda, contant à Cita des souvenirs du temps passé avec Minnie, surtout de leur première année à Ottawa. Les deux femmes quittèrent ensuite le salon se demandant où était passée Evelyn. Joyce se retira la dernière, sur les talons de Tim et de Doreen qui entreprirent de disperser les journalistes qui auraient pu se trouver à l'extérieur.

Dans l'après-midi, le corps de Minnie fut transféré du cercueil à un conteneur d'expédition. Celui-ci fut par la suite transporté à l'aéroport et placé à bord d'un avion pour des envolées vers Toronto, Timmins, Moosonee, Fort Albany et, enfin, Kashechewan.

Les funérailles de Minnie eurent lieu à la fin de la deuxième semaine de janvier 1989. Bien avant l'heure du service, les bancs de l'église anglicane St. Paul se remplirent, et les hommes qui se tenaient habituellement debout à l'arrière de l'église avaient commencé à y prendre place. Lorsque les membres de la famille arrivèrent, l'église était déjà à moitié remplie. Bien que la vue du corps de la pauvre Minnie provoquât des pleurs, ceux-ci se perdirent dans le tumulte des voix et du bruit des talons qui martelaient le plancher de bois.

Avant le début du service, le cercueil ouvert de Minnie se trouvait dans l'entrée de l'église, tout juste derrière les portes doubles par où arrivaient les fidèles. La famille, après avoir passé quelques minutes avec la dépouille de Minnie, se dirigea vers l'avant de l'église. Puis les autres fidèles en firent autant. Les résidents de Kashechewan exprimèrent leurs condoléances de la façon habituelle : quelques paroles prononcées à l'intention de la famille, un baiser sur le front de la défunte, puis une caresse sur ses mains froides.

Alors que défilaient les nombreux visiteurs, Roseanne jeta un coup d'œil sur le cercueil. Elle pouvait difficilement imaginer que ce corps et surtout ce visage étaient ceux de sa mère. Elle pensa que les responsables de l'embaumement s'étaient acquittés de leur tâche à la hâte ou n'avaient aucune idée de l'apparence de sa mère.

Elle songea qu'elle n'avait jamais vraiment connu cette facette de sa mère qui lui avait fait tant apprécier et la fièvre et l'anonymat des grandes villes. Elle se rendait compte que ce qu'elle connaissait de sa mère lui laissait davantage l'impression d'avoir été une sœur compréhensive plutôt que sa fille. Elle regarda sa mère, puis se mit à réfléchir à sa propre existence, avant la naissance de son enfant, alors que ses grands-parents assumaient les rôles de père et de mère auprès d'elle. Devant les choix de sa mère durant toutes ces années, Roseanne ressentait plus de reconnaissance que d'aigreur. Et par rapport à la mort de Minnie et aux circonstances qui l'avaient entourée, elle ressentait davantage de colère que de tristesse.

Au signal du ministre, on ferma le cercueil et huit personnes le transportèrent à l'avant de l'église. C'est alors que les fidèles se levèrent et entonnèrent une hymne. Roseanne, Violet et leur grand-mère prirent place dans la première rangée, et Linda, John et leurs enfants, s'installèrent juste derrière. Le chef Jonathan Solomon assistait également au service, portant la toge habituellement réservée aux profanes qui participent au culte.

Linda parvint à contenir ses larmes pendant pratiquement tout le service, mais regardait quelquefois le cercueil et jetait des regards réconfortants à Roseanne chaque fois que celle-ci se retournait, ainsi qu'à Christy Wesley.

Maggie Sutherland ne cessa de sangloter pendant tout le service, veillant tout particulièrement à contrôler ses émotions et à demeurer digne. À la fin du service, elle suivit le cercueil à l'extérieur, tenant fermement la main de Violet et refusant toute offre d'escorte.

Les porteurs hissèrent le cercueil dans un camion pour le court trajet jusqu'au cimetière. Une fois sur place, l'un des hommes se méprit sur la profondeur de la neige et glissa, et quelques autres perdirent l'équilibre, échappant presque le cercueil. *Que peut-il arriver d'autre?* pensa Roseanne.

Sachant depuis environ une semaine après la mort de Minnie qu'une enquête était prévue, Roseanne, Linda et John attendirent de connaître la date à laquelle leur présence serait requise avant de se rendre à Ottawa pour vider l'appartement de Minnie. Enfin, au début de février, en compagnie du chef Jonathan Solomon, ils s'envolèrent vers le Sud, pour prendre part à l'annonce officielle de la tenue d'une enquête du coroner sur le décès de Minnie Sutherland.

Roseanne avait convenu avec sa tante Linda et Joyce Wesley de les retrouver à l'appartement de Mechanicsville. À son arrivée, les effets personnels de Minnie étaient déjà dans une ou deux valises et des boîtes. Peu après, un camion de l'Armée du salut s'arrêta pour prendre livraison des quelques meubles de Minnie. Le reste appartenait à la propriétaire et demeurait dans l'appartement pour le prochain locataire, dont l'arrivée était prévue le 1er mars.

•

Pendant leur séjour à Ottawa, Roseanne et Linda se rendirent à quelques reprises chez leur avocat, David Nahwegahbow, et sa collègue, Sharon McIvor, de la Native Women's Association of Canada.

Après l'annonce publique de l'enquête, Linda et Roseanne furent inondées de demandes d'entrevues. *Que pensez-vous de l'enquête ? Croyez-vous que la question raciale a influencé les actions de la police de Hull ? Selon vous, a-t-on pensé que Minnie était ivre parce qu'elle ne portait pas ses lunettes et ne pouvait voir ? Envisagez-vous des poursuites judiciaires ?*

Au cours des réunions, Jonathan Solomon demeurait calmement assis. Chef symbolique de toutes les familles de la réserve, il estimait qu'il était de son devoir d'être présent, et la famille de Minnie désirait lui accorder cette forme de respect, même à mille milles de distance. Cependant, pour les responsables de l'enquête, le chef d'une réserve n'avait pas vraiment de rôle à jouer. Ils n'avaient aucune question particulière à lui poser. Et, comme il s'en rendit bientôt compte lui-même, il n'avait rien à leur offrir.

Un peu plus tard, ce printemps-là, le sac à main de Minnie, qui avait disparu peu après son admission à l'Hôpital général d'Ottawa, fut retrouvé.

On le récupéra dans l'unité où travaillait Carole St-Denis, la femme qui heurta Minnie avec son automobile. Après la mort d'une autre patiente, un membre de la famille de celle-ci était venu prendre possession des effets personnels de sa mère, et plus particulièrement une clé pour un casier de sûreté à l'hôpital. Fouillant un placard situé au poste de garde, Carole découvrit deux sacs à main et s'empara de celui qui était le plus près. Lorsque la fille de la femme décédée constata la présence d'un paquet de cigarettes dans le sac, elle affirma avec insistance qu'il ne s'agissait pas du bon sac, car sa mère ne fumait pas.

Après lui avoir remis le bon sac, Carole fouilla le second. Sous le paquet de cigarettes reposait une paire de lunettes foncées à double foyer et, tout près, des verres fumés et une carte d'assurance-maladie de l'Ontario au nom de : SUTHERLAND, MINNIE.

Dénouement

The Ottawa Citizen, le 2 mars 1989 (Première édition)

Enquête du coroner : le jury esquive la question du racisme

Le jury à l'enquête du coroner suggère à la police de Hull d'offrir une formation obligatoire à ses agents pour les sensibiliser aux besoins des minorités visibles.

Cependant, on n'a pas retenu le racisme comme l'un des facteurs ayant contribué à la mort de Minnie Sutherland, une Crie âgée de 40 ans et mère de deux enfants, qui est décédée dix jours après avoir été heurtée par une automobile à Hull, tôt le matin du jour de l'An.

MA PREMIÈRE réaction au verdict du jury en fut une de stupeur. Il m'était incompréhensible que quatre des cinq membres du jury aient pu croire que le racisme n'avait rien eu à faire dans la façon dont la police avait traité Minnie Sutherland, et qu'une simple formation suffirait à prévenir de tels incidents à l'avenir.

Et je ne fus pas le seul. Dans l'article du journal *The Ottawa Citizen*, Jim Eagle, directeur du Odawa Native Friendship Centre, disait considérer cette enquête comme un « exercice futile qui laissait faussement croire que quelque chose avait été fait ». Sharon McIvor, l'avocate qui représentait la Native Women's Association of Canada, rejeta la recommandation du jury qu'elle qualifia de farfelue. Selon elle, les conclusions du jury ne contribueraient pas à prévenir des incidents comme celui de Minnie Sutherland.

Me McIvor avait tout à fait raison de s'insurger contre ce verdict. Au début de l'enquête, on refusa de lui reconnaître un rôle et elle dut se contenter d'agir comme assistante auprès de l'avocat de Roseanne, David Nahwegahbow. Plus tard, à l'enquête, lorsqu'on fit entendre l'enregistrement de l'appel radio au quartier général de la police de Hull, celui où Minnie était qualifiée de « squaw », le juge lui accorda le statut nécessaire. Par la suite, Me McIvor put interroger des témoins avec passion et détermination, certaine de pouvoir démontrer que Minnie aurait connu un sort tout à fait différent si elle avait été de race blanche.

The Ottawa Citizen, le 3 mars 1989

Jury trop peu sévère sur la question du racisme

Le lendemain, le membre dissident du jury déclara sous le couvert de l'anonymat : « Nous aurions pu soulever la question du racisme, non pas pour porter des accusations, mais seulement pour démontrer que le racisme existe. » Cette personne semblait partager les opinions de Me McIvor, qui voulait que le jury « reconnaisse le racisme » comme un facteur dans cette tragédie, « mais ils firent tout simplement fi de cette notion ».

Tous ceux qui suivirent l'affaire remarquèrent que Roseanne n'avait formulé aucun commentaire dans les médias. On rapporta qu'elle aurait quitté la salle d'audience tout juste avant la lecture du verdict, sous le prétexte que sa grand-mère, très malade, était hospitalisée à deux heures de distance. Ceux qui cherchaient à deviner ce que sa réaction aurait pu être juxtaposaient vexation et déception d'une part, et l'espoir, d'autre part, que l'enquête de la Commission de police du Québec, encore à venir, se traduirait par un dénouement quelconque.

À l'été 1993, il y avait plus de quatre années que le verdict de l'enquête du coroner était tombé. Presque trois années s'étaient écoulées depuis les conclusions de l'enquête de la Commission de police du Québec.

The Ottawa Citizen, le 1er septembre 1990

La police de Hull disculpée de racisme dans la mort d'une Autochtone

La Commission de police du Québec a conclu que deux policiers de Hull, qui ont laissé sur le bord de la route une Autochtone qui venait d'être heurtée par une automobile, ont fait preuve de négligence dans leur façon d'enquêter sur l'incident.

Toutefois, le rapport longtemps attendu, communiqué vendredi, estime que les policiers hullois, Denis Régimbald et Guy Vincent, n'étaient pas motivés par le racisme quand ils ont négligé de mener une enquête complète sur l'accident qui a conduit à la mort de Minnie Sutherland.

Je ne ressentais plus cette colère que m'avaient inspirée les résultats tempérés de ces enquêtes et je n'étais plus aussi cynique à propos de la justice réservée aux personnes comme Minnie Sutherland. À la fin, j'étais porté à croire que nous étions tous un peu responsables de la mort de Minnie, autant parce que nous faillissons en nous contentant de nous en remettre au système, que parce que le système est défaillant. J'étais toujours aussi outré que le racisme eût été exclu des causes du décès, mais j'en avais conclu que les événements tragiques de la veille du jour de l'An, en 1988, relevaient davantage de l'égarement que d'un esprit calculateur, et plus de la présomption que de l'indifférence.

Cependant, je m'interrogeais toujours autant au sujet de Minnie, et aurais aimé savoir si son âme reposait enfin en paix. Et à quel endroit? Dans le Nord, la terre natale qu'elle avait abandonnée? Ou à la ville, là où elle avait cherché refuge et où on avait fini par l'abandonner?

Un soir d'hiver, alors que j'examinais toute cette affaire et ses résultats, je téléphonai à Roseanne, à Timmins, et lui demandai si je pourrais aller visiter sa famille à Kashechewan l'été suivant. Au cours de la conversation, j'appris que Maggie Sutherland, que j'avais très hâte de rencontrer, était morte peu après l'enquête sur la mort de sa fille ; et j'acquis aussi la certitude qu'un jour, j'écrirais un ouvrage sur la vie et la mort de Minnie Sutherland.

Conclusion

L'ODEUR de poulet frit Kentucky s'était répandue à l'intérieur de l'avion, du moins à l'arrière où j'avais pris place. Il y en avait probablement 50 barils, peut-être 100. Je pensai qu'on se préparait sans doute à célébrer un événement quelconque, peut-être une commémoration. Quoi qu'il en soit, l'odeur m'était à la fois familière et agréable.

Lorsque le pilote annonça la descente vers Fort Albany, nom de l'établissement cri original qui s'était formé le long de la rivière, je regardai par le hublot et suivis le ruban de cobalt dans le paysage vert. À 1000 pieds d'altitude, j'aperçus Kashechewan 20 milles plus loin. De cette distance, le hameau ressemblait à un parc de roulottes abandonné.

Nous nous posâmes à peine cinq minutes sur la piste à l'aéroport de Fort Albany. Alors que l'appareil reprenait de l'altitude, je demandai à une passagère assise de l'autre côté de l'allée ce que représentait l'immeuble blanc qui s'étalait tout juste sous les ailes de l'avion. La dame me répondit que l'immeuble avait autrefois abrité une école résidentielle, mais était maintenant converti en usine. Tout près, le clocher de l'église se dressait vers nous.

Les bâtiments de Fort Albany étaient toujours en vue, que nous étions déjà au-dessus de Kashechewan. L'appareil atterrit dans un bruit sourd sur une piste de terre qui partait du bord de la rivière. Après un tour de piste plutôt cahoteux, l'avion s'immobilisa devant une toute petite cabine, à proximité d'une barrière rongée par la rouille. Je cherchai en vain un panneau sur lequel aurait été inscrit le nom de Kashechewan. Les passagers qui quittaient leurs sièges m'informèrent qu'ils étaient maintenant rendus chez eux.

L'homme qui m'accueillit à l'aéroport se tenait à l'intérieur de la barrière et saluait les passagers qui descendaient de l'avion. Lorsque je traversai la barrière, il se précipita vers son camion, puis ouvrit la porte du côté du passager.

« Où voulez-vous aller en premier ? » me lança-t-il.

Comme il ne s'était pas encore présenté, je me demandai s'il s'agissait du chef actuel de Kashechewan, Andrew Reuben, qui m'avait indiqué au téléphone que quelqu'un m'attendrait à mon arrivée. La voix de cet homme n'était toutefois pas celle de M. Reuben. Je montai dans le camion et m'informai si nous étions loin du bureau de la réserve.

Le conducteur demeura silencieux pendant tout le trajet. Pour toute distraction, il n'y avait que le bruit des camions qui passaient et le klaxon occasionnel d'une Jeep qui nous croisait. Le conducteur enfonçait la pédale de l'accélérateur sur les lignes droites et maîtrisait brutalement les courbes, tout en esquivant les nids-de-poule. Après avoir dépassé une baraque en bordure de la route, nous effectuâmes un virage brusque vers la bande de terre battue qui constituait la rue principale de Kashechewan. J'aperçus alors les résidants de l'endroit, pour la plupart occupés à converser ou à balayer de la main la poussière et le sable que soulevait chaque véhicule. Le paysage, dominé par les nombreuses cabanes, comprenait en arrière-plan une rangée ordonnée de maisons préfabriquées. Je remarquai un vidéoclub, puis un autre magasin orné d'une grosse enseigne de Coca-Cola. Le camion ralentit et le conducteur pointa un immeuble de bois à deux étages, voisin du magasin portant le nom de NORTHERN. Le camion entra dans le parc de stationnement poussiéreux où se trouvaient davantage de personnes que de véhicules. Au moment où j'étais en train de penser qu'il serait peut-être temps que je dise quelque chose, mon chauffeur me prit de court en m'informant qu'il était le beau-frère de Minnie, John Wynne, que sa femme, Linda, travaillait toute la journée et que je pourrais la voir un peu plus tard.

Quand je descendis du camion, j'aperçus les barils de poulet Kentucky qu'on était en train de décharger à l'avant du magasin. Je demandai à John si je pouvais en apporter pour le souper, ignorant à ce moment-là qu'un seul baril me coûterait 50 $ et qu'il m'en faudrait deux pour nourrir tout ce beau monde.

Tout ce beau monde comprenait les quatre enfants de Linda et de John ainsi que la fille de Minnie, Violet.

Les enfants riaient et couraient dans la maison, pendant que je posais des questions à Linda, auxquelles d'ailleurs John répondait la plupart du temps. Lorsque je lui demandai quelle avait été sa réaction à la nouvelle qu'un livre était en train d'être écrit sur Minnie, Linda détourna son regard vers la fenêtre puis, quelques secondes plus tard, marmonna : « Quelqu'un s'intéresse à elle. »

Voulant dissiper l'humeur sombre causée par ma question, je racontai à Linda que je m'étais arrêté à Timmins pour y visiter Roseanne. Linda me demanda alors ce qu'il advenait de la poursuite entreprise par sa nièce contre la police de Hull. Entamée peu après la parution du rapport de la Commission de police du Québec, en 1990, qui lava les policiers en question de tout soupçon de racisme, la procédure se trouvait dans un cul-de-sac et les avocats de la Ville de Hull s'ingéniaient à dresser des obstacles à chaque étape du processus. Pour Linda et moi, parler de l'enquête avait pour effet d'évoquer de pénibles souvenirs, par exemple, lorsque Marcel Beaudry, un avocat qui représentait les deux policiers de Hull, était entré dans la salle du tribunal en saluant ses collègues d'un « How! » Cette étourderie dérida la salle bien qu'elle se fondât sur des stéréotypes ethniques et raciaux. À son souvenir, Linda se cantonnait maintenant dans le silence.

J'eus tôt fait de constater que mes efforts en vue d'entretenir une conversation plaisante avec Linda étaient voués à l'échec. Je lui répétai donc un échange que j'avais eu avec Roseanne, sur le plaisir éprouvé par Minnie lorsqu'elle assistait à un feu d'artifice et de ce qu'elle aurait ressenti si elle avait pu voir celui de la veille du jour de l'An. Son plaisir aurait sûrement doublé si, en cette nuit, elle avait pu susciter le regard admirateur d'un homme qui l'attirait. Les bras repliés sur elle-même selon son habitude, Minnie aurait assurément déclaré : « La nouvelle année s'annonce bien. »

Après le souper, John m'accompagna jusqu'au vidéoclub de Linda et de Sidney, le frère de Minnie. Homme plaisant, Sidney ne parla pas moins de sa sœur comme d'une étrangère.

« C'est une terrible affaire », admit-il. Puis, après avoir secoué la tête, il ajouta : « Mais que pouvons-nous y faire ? »

À la demande expresse de Linda, John m'amena chez Christy Wesley et son mari, David. Christy demeura pratiquement muette, semblant craindre de parler à un étranger, surtout un Blanc : malgré sa capacité de parler anglais, elle répondit à la plupart de mes questions en marmonnant quelques mots en langue crie à son mari ; lequel, traduisant ce qu'elle venait de lui dire, répéta plusieurs fois combien Minnie faisait rire Christy.

David Wesley écouta le récit de mes tentatives infructueuses pour parler à sa sœur, Joyce. Le lendemain de mon entretien initial avec Roseanne sur le projet de livre, j'avais cherché une première fois à convaincre Joyce de me faire part de ses impressions sur les événements de cette soirée-là. Je lui avais promis de ne porter aucun jugement et de laisser le magnétophone à la maison. Sa sœur, Doreen, avait renchéri en lui affirmant que je ne lui voulais aucun mal et que je n'avais aucune intention de la blâmer pour quoi que ce soit. « Il est gentil », avait-elle ajouté. Toutefois, Joyce n'avait rien voulu entendre et m'avait informé d'une voix ferme au téléphone : « Non, je ne veux pas en parler. »

La première chose que je sus, David était au téléphone essayant à son tour de persuader Joyce de me rencontrer, mais celle-ci lui répondit *non*. Je le remerciai de ses efforts, puis au moment où nous allions partir, le téléphone sonna.

« C'est Joyce », me dit-il, en me tendant le récepteur.

Joyce m'indiqua qu'elle avait appris mon arrivée bien avant le téléphone de David. Devant mon étonnement, elle m'expliqua que les nouvelles se répandent rapidement à Kash. Elle ajouta qu'elle m'avait vu en compagnie de John Wynne, au magasin Northern, où elle avait pris livraison de son baril de poulet.

Joyce me pria de comprendre son hésitation à parler de Minnie et des événements de la veille du jour de l'An. Lorsque je demandai à la voir quelques instants seulement, elle me répondit : « Venez dans une heure. »

Avant de me laisser chez Joyce, John Wynne me suggéra d'en profiter ensuite pour aller faire la connaissance de Dorothy Friday, une des aînées de Kashechewan, étant donné que je pouvais m'y rendre à pied depuis la maison de Joyce.

Joyce me dit très peu de choses au cours de notre entretien de 45 minutes. Elle me fit part de la méfiance qu'elle éprouvait à l'endroit des autorités, principalement attribuable à la façon dont la police de Hull avait traité Minnie la veille du jour de l'An. Elle semblait convaincue que les témoins avaient menti au cours de l'enquête et qu'en raison de son état d'ébriété, elle était devenue le parfait bouc émissaire. Je n'eus pas à demander si elle se sentait de quelque manière responsable de la mort de Minnie : elle l'avait déjà implicitement avoué de plus d'une façon.

☾

Dorothy Friday habitait une maison située un peu plus loin que celle de Christy et de David Wesley. Un tipi, où l'on procédait au tannage des peaux d'orignal avec lesquelles Dorothy confectionnait des mocassins, se dressait à l'arrière de la propriété.

Dorothy me parla d'une époque pas trop lointaine où elle passait le plus clair de son temps dans la forêt avec des enfants, pour leur apprendre comment la nature pouvait les aider à guérir leurs maladies et leurs blessures. Dernièrement, elle le consacrait davantage à prendre soin de sa petite-fille de cinq ans, pendant que son fils et sa bru travaillaient toute la journée dans la réserve.

Elle accepta volontiers de me montrer son tipi tendu de bâches de plastique orange et bleu, et me donna une brève leçon sur la façon d'étirer les peaux d'animal. Derrière nous, sa petite-fille ne cessait de me taquiner par ses sourires et ses tours, puis se mettait à rire chaque fois qu'elle avait réussi à attirer mon attention. On m'invita à prendre une consommation. Je m'attendais à voir un baril de poulet sur le comptoir, mais ce ne fut pas le cas.

Dorothy ne connaissait pas très bien Minnie, mais sa mort l'avait bien attristée. Oui, elle savait où Minnie avait été enterrée, bien que l'endroit ne soit marqué d'aucune pierre. Elle ajouta ne pas s'en faire au sujet de l'âme de Minnie. Elle ne blâmait personne et lorsque je lui demandai si les Autochtones et les Blancs pouvaient vivre en harmonie, elle se contenta de sourire et attendit que je lui pose la question suivante.

Je la quittai peu après, tout juste avant que le soleil disparaisse derrière les arbres, de l'autre côté de la rivière. Dorothy me salua de la main. Elle surveilla sa petite-fille qui me suivait sur la route, à bicyclette, puis à pied.

Je passai devant quelques maisons, puis me retournai. La petite fille gloussa et se mit à marcher à reculons, à la fois excitée et timide. Lorsque je repris ma marche, elle en fit autant.

Après avoir passé une autre maison, je regardai de nouveau derrière moi et constatai que la petite fille me suivait avec plus de réserve. Je me remis en route, mais cette fois-ci, elle resta immobile. Elle regarda d'abord la silhouette rassurante de sa grand-mère, puis se tourna une dernière fois vers moi. Le sourire qui illuminait son visage l'instant d'avant avait disparu, et avec lui les éclats de rire.

Elle se mit alors à courir, de plus en plus vite, vers sa grand-mère. Ce fut alors à mon tour de m'immobiliser, non pas pour changer de direction, mais tout simplement pour regarder une enfant courir vers sa grand-mère et son tipi, vers ces légendes d'esprits se trouvant de l'autre côté du soleil, ces guérisseurs dans la forêt et ces rêves qui vous accompagnent.

Table des matières

Dans la même collection

ARCHIBALD, Clinton, *Assistés sociaux inc, lobby et démocratie libérale*, 1997.

ASSINIWI, Bernard, *Windigo et la naissance du monde*, 1998.

CRÉPEAU, Pierre, *Rwanda, le kidnapping médiatique*, 1995.

LAVOIE, Marc, *Avantage numérique, l'argent et la Ligue nationale de hockey*, 1997.

LAVOIE, Marc, *Désavantage numérique, les francophones dans la LNH*, 1998.

LECOURT, Dominique, *Les infortunes de la raison*, 1994.

MOREAU, François, *Le Québec, une nation opprimée*, 1995.

POULIN, Richard, éd., *Europe de l'Est, la fin du « socialisme »*, 1993.

POULIN, Richard, éd., *Les fondements du marxisme*, 1997.

POULIN, Richard, *Le sexe spectacle*, 1994.

Dans la collection « L'Alternative »

POULIN Richard, et Pierre SALAMA (dir.), *L'insoutenable misère du monde, économie et sociologie de la pauvreté*, 1998.

PAO : Éditions Vents d'Ouest inc., Hull

Impression et reliure : Imprimerie Gauvin ltée
Hull

Achevé d'imprimer en novembre
mil neuf cent quatre-vingt-dix-neuf

Imprimé au Canada